JN075177

心のコツ!

情熱を持続させるための簡単な意識スイッチ

# 武道家の稽古・鍛錬の心理学

湯川進太郎
◉心理学者・武道家

BAB JAPAN

# はじめに

## **一種類の蹴りを一万回稽古する**

I fear not the man who has practiced 10,000 kicks once, but I fear the man who has practiced one kick 10,000 times.

私が恐れるのは、一万種類の蹴りを一回ずつ稽古した者ではなく、一種類の蹴りを一万回稽古した者だ。

――ブルース・リー

ブルース・リーは、映画俳優であると同時に、ジークンドー（截拳道）を創始した武術家であり、またワシントン大学哲学科で学んだ哲学者でした。ブルース・リーは多くの哲学的な言葉を残していますが、その中でも、彼のこの言葉を読むといつも、私は心のどこかで何かぐっと来るものを感じます。これはいったい何でしょうか？そもそもこの感覚は私だけでしょうか、あるいは、みなさんも同じように感じるでしょうか？（そもそも、多くの人に共感されるからこそ、名言として残っ

ているわけではありますが……）

私の中のこの感覚について、あえてそれが何なのかと考えてみますと、つまりこういうことではないかと思っています。私たち人間という生き物はしばしば、移り気が強くて一つのものにはすぐに飽きてしまうため、ついつい違う新しいものを求めてしまうものです。だから、次から次へとモノ（所有物）が増えていく。一つのものを手に入れると、すぐもう一つ別のものが欲しくなる。一方で、私たち人間という生き物は得てして、なるべくたくさんのバリエーションを身に付けている方が、それこそ、前田日明のように「七色の」スープレックスを繰り出せる人の方が、客観的に見てなんとなく見栄えが良く、他人からはかっこいいと思われ、ひいては自分もその方がかっこいいと感じるものです。いろいろな引き出しがある人だね、多芸多才だよね、あの人って何でもできるよね、というのは一つの誉め言葉です（ただ逆に、器用貧乏だね、という言葉もあるにはあります）。

これに対して、一つの単純なことにコツコツと打ち込み、それを職人のように極めていくことの地味さと地道さは、あまりにもシンプル過ぎて面白味はないかもしれません。すぐに飽きてしまうかもしれません。また、一つのことしかできないというのは、決して見栄えが良くないかもしれません。不器用で無骨な感じがして、決してかっこよくないかもしれません。だからこそ私たちは、一つのことに何年も何十年もただひたすら打ち込んでいる人がいると、そこにある種の感動を覚えるのではないでしょうか。普通は（自分には）なかなかできないことに、感銘を受けるのではないでしょうか。

そして、そのようにして身に付けた技というのは、やがてその人そのものとなって、いざというときには間髪を入れずに繰り出される切れ味するどい一閃となる、あるいは、揺るぎない精妙な動きからもたらされる結果としてのパフォーマンスは寸分狂わぬ絶妙なものとなる、そのようなイメージを持つからではないでしょうか。そうなれば、もはや、他の追随は一切許しません。気が付けば誰も追いつけません。もう誰も敵いません。こういう人を、本当の意味で「達人」と呼ぶのではないでしょうか。ブルース・リーの言葉から、そんなことをあれこれ想像するために、この言葉を読むたびに私は心が震えます。

## 強くなりたい、かっこよくなりたい

実際問題、現代社会で武術の稽古をする上で、たった一つの技だけを永遠に何年も何十年もひたすら続ける、というのはもちろん現実的ではありません。職業的な武術家や格闘家でもない限り、普通、多くの人は、何かしらの生業を持って日々の生活を送っている中で武術の稽古をしているはずです。それは言ってみれば、生きる上では必要のない「趣味」の一環であり、しようがしまいが、続けようが続けまいが、その人本人の意思次第です。そのような中で、たった一つの技（たとえば、正拳突きだけとか、一教だけとか、本手打ちだけとか）を永遠に稽古するというのは、さすがにいささかストイック過ぎるでしょう。いくらなんでも面白いはずがありません。

というのも、最初に武術を習ってみたいと思い始めたきっかけには、例えば、武術の達人のように強くなりたい、いざというときに自分や他人の身を守れる人間になりたい、サムライのように凛としたかっこよさを身に付けたい、などといったいろいろな思いがあると思います。単に健康維持や体力増進のためならば、他にもいろいろなエクササイズやスポーツがあるわけですから、そんな中から武術を選ぶというのは、そこに何かしら特別な魅力を感じているということだと思います。

その意味で、強さとかっこよさは、武術の最大の魅力でしょう。

だとすると、一面では、七色の技をどんどん身に付けて臨機応変自由自在に繰り出せるかっこいい人になりたいという華やかな願望を持ちつつ、しかし一面では、一つの技を地道に稽古して本当に強い達人になりたいという素朴な願望とが、相矛盾して拮抗しているジレンマに陥ることは十分にあり得ます。ただ、このジレンマは、武術に限らず、あらゆる「趣味」的営みに言えることかもしれません。人はつい、いろいろと応用を覚えたくなりますが、しかし、究極的な奥義はやっぱり基本だよねという話は、至るところで良く耳にする話です。

そういう事情はいろいろとあるものの、しかし、一つだけ言えることがあります。それは、強くなるためだろうとかっこよくなるためだろうと、武術の稽古を始めた最初のきっかけ（思い）をいつの日か実現するためには、とにかく、稽古をひたすら「続ける」しかない、ということです。稽古をやめれば、それでおしまいです。何も、一種類の蹴りをただひたすら一万回稽古し続けなければならない、という話ではありません。ただ、本当に強くなるためには（その結果としてかっこよくなるためには）、欲張らない地道な積み重ねこそが、結局のところ、王道だろうと思います。継続こそ力なり。ローマは一日にして成らず。ありきたりではありますが、やはり、最後はこれに行き着きます。

## 継続は力なり、しかし……

ただ、そうは言っても、言うは易し行うは難し、分かっているけれどもなかなかできないのがまた人間の性(さが)です。武術の達人になりたい、達人とは言わないまでもそこそこ使える人間になりたい、しかし、なかなか始められない、始めたけれどもなかなか続かない。そんな人のために、「なぜ」なかなか始められないのか、「どうして」なかなか続かないのかの心理を紐解き、そこからさらに、では「どうしたら」良いのか、「どうすれば」続けられるのかを考えてみよう、というのが本書の主旨です。

本書は、稽古を続けるための「ヒント」集だと思ってください。ここに「答え」が書いてあるわけではありません。「答え」と言うのは「正解（誰にとっても正しい事実）」ということだとすれば、本書には「正解」は書いてありません。なぜなら、「正解」はおそらく、人それぞれだからです。ですから、「たったこれだけで大成功！」というような安直なノウハウを伝えるものではなく、読者のみなさんが本書を読んで、続けるための「解法（解き方のセオリー）」や「コツ」を一つでも二つでも得ることができればこれ幸い、と考えています。あとはそうして得た「解法」や「コツ」でもって、日々の自分自身の稽古と向き合っていき、工夫や応用を積み重ね、結果的に、気が付いたら何年も続けていた、ということになれば、本書を執筆した甲斐があったと言えます。

## 本書のターゲット

一般的には「武術」よりも「武道」の方が日常語として流通している言葉かと思いますが、武術と武道とは、厳密に言うと違います（と私は考えています）。その点詳しくは拙著『空手と禅』（BABジャパン）で書いていますので、興味のある方はご一読いただけるとありがたいです。本書では、あえて「武道」は用いずに一貫して「武術」としていますが、「武道」と読み替えていただいても、ここでは大きな支障はありません（いちいち併記するのが煩わしいので、「武術」に統一しているとお考えください）。

また、本書は「武術（武道）」を念頭に書いていますが、「武術」のところを「芸道」に置き換えていただいてもかまいません。芸道とは、例えば、茶道とか華道とか書道などを指しています。そうした芸道はいずれも、何か別のもの（例えば、金銭や称賛など）を得るためにその技を磨くのではなく、その技を極めることそのものを永遠の目的とする禅的な営み（すなわち「道」）であり、武道と本質的に全く同じです（この点も、詳しくは拙著『空手と禅』をご参照ください）。したがって、本書で述べていることは、そうした芸道の稽古を続ける「ヒント」としてそのまま読むことができると思います。

## 武術とスポーツ

それから本書では、武術の本質を説くためにしばしば「スポーツ」と対比させています。スポーツとは、他者（対戦相手）と勝敗を競い合うこと（ゲームをすること）を主たる目的とする活動であり、「武術」とは決定的に異なります。身体運動という点では一見同じように思われがちですが、本質的に全く異なる営みなのです。本書では、武術の特性をより鮮明に示すために、随所でスポーツと比較しながら論を進めています（この点についても、詳しくは拙著『空手と禅』をご参照ください）。

ただ、スポーツと一口に言っても、種類も様々であり、レベルも様々です。例えば、種類で言えば、マラソンなど個人で行うものなのか、テニスや卓球のように一人（ないし二人）の対戦相手と行うものなのか、あるいは、野球やサッカーやバスケットボールやラグビーのようにチームで対戦するものなのかで、性質も大いに違ってくると思います。また、レベルという意味では、健康維持や娯楽（遊戯）として無理なく楽しむ程度の活動なのか、アマチュアの愛好家だけれども競技者としてそれなりの高みを目指しているのか、あるいはプロもしくはセミプロとして職業生活を送っているのかで、求められるものも大いに異なります。ただ、いずれにしても大半のスポーツにおいて共通するのは、ルールに則って他者（対戦相手）と優劣を比べることを目的としている点であり、そこに武術との根本的な違いがあります。

しかし一方で、本書でお伝えする「ヒント」は、どんな種類のスポーツであれ、アマチュアだけれども競技者として高みを目指したい人にとっても大いに役に立つと思います。なぜなら、そうしたレベルの人のスポーツへの向き合い方（取り組み方）は、ある意味で「武術（武道）的」な修業に近いように感じるからです。というのも、その段階にある人は、ただ楽しむだけのスポーツに飽き足らず、その先を目指してストイックに技の上達を求め始めているからです。スポーツの主たる特性である娯楽性（遊戯性）を超えて、純粋にそのスポーツの技術を磨こうとしているように思えるからです。こうした人にとってはおそらく、ゲームに勝つことはもちろんですが、ただ勝つという「結果」だけではなく、勝つために自己の技術を高める「過程」そのものもまた目的となっているのではないでしょうか。自己（の技術）をひたすら磨くことそれ自体が純粋に目的となれば、それはある意味で禅であり、道であり、まさに武術（武道）的な稽古に近いように感じます。

最後に、本書は、武術を習う人に宛てたものでありつつ、裏を返せば、武術を教える人（師範、先生、先輩など）にとっても、教える上での「ヒント」集になっています。なぜなら、習う人の気持ちが分かれば、教える人がそこに心を配ることで、習う人の上達や継続につながるからです。ですから、本書は、武術（武道）・芸道・スポーツなど身体を用いた様々な活動の「指導者」の方にもぜひ読んでいただきたいと思っています。

さてそれでは、ご一緒に、稽古を続けるための「ヒント」を探しに参りましょう！

# 目次

## 第3章 始められない心、続かない心

## 第4章 理由、それは結果を手軽に求める心……93



## 第5章 稽古をするために稽古をする……115

## 第6章 草木を育てるように稽古をする……147

第7章

## 頑張らない稽古のススメ……169

# 第1章

# ブルース・リーになりたい！

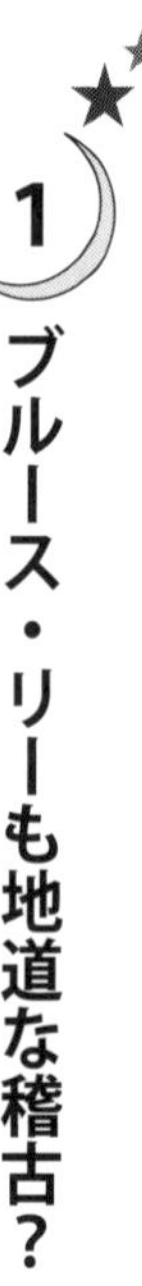

# 1 ブルース・リーも地道な稽古？

映画『ドラゴンへの道』(脚本・監督:ブルース・リー) で、主人公のタンロン (ブルース・リー) が、嫌がらせをするマフィアたちをあっという間に瞬殺した後、「夕飯は？(私が作りましょうか？)」と声をかけるヒロインのチェン (ノラ・ミャオ) に対して、「朝の稽古があるから、もう寝ます」と答える場面があります。映画が進むと今度は、朝日に照らされて、部屋で一人稽古に励む場面が出てきます (このときの、ブルース・リーの筋肉美は圧巻です)。

どれだけ圧倒的な強さを誇る達人でも (いやむしろ、そういう達人こそ)、その裏では、常日頃から地道に稽古をしているのだ、というブルース・リーのメッセージが聞こえてくるようです。何かのために稽古をするのではなく、日常の一部として稽古に日々励み、そうして励んでいるからこそ、その結果、いざというときにその力が発揮されるのだ、というメッセージです。「日々鍛錬し、いつ来るとも分からぬ機会に備えよ」。2021年度後期に放映されたNHKの連続テレビ小説 (朝ドラ) の『カムカムエヴリバディ』に出ていた、ベテラン大部屋俳優・伴虚無蔵 (松重豊) の名セリフの通りです。

映画では、ローマでマフィアによる嫌がらせを受けている中国料理店の助っ人として、香港の田舎からやってきた純朴な青年（ブルース・リー）が、その鍛え続けてきた拳法の技で見事にマフィアを撃退してみせます。これはエンターテイメントとしての映画なので、予定調和的に、地道に稽古した技を発揮する展開となり、中華料理店の仲間の前で（そして何より、映画の観衆の前で）敵をバッタバッタとなぎ倒す痛快な場面が繰り広げられます。こうして、見ている側は留飲を下げます。主人公に喝采を送ります。このように映画では、必然的に力を発揮する場面が訪れるわけですが、しかし現実生活では普通、そういうことにはなりません。武術の稽古を常日頃励んでいても、それを実際に発

揮する場面が必ずしも訪れるわけではありません。いやむしろ、そのような場面にはできるだけ遭遇しない方が良いわけです。

無論、武術の種類によっては、昇級昇段審査があったり試合（競技大会）があったりしますので、それが普段稽古してきたことを他者の前で発揮する場面といえば場面になります。そこでは、受かったり勝ったりすれば、他者から褒められたり喜ばれたりします。ただ、本来武術とは、攻撃意図をもった他者を制圧する技術であって、それが「真の」意味で発揮されるのは、現代的に見れば、（映画のように）暴漢に襲われたり、襲われている人を助けたりする状況です。ただ、そういう状況というのは、（海外であれば分かりませんが）特に日本に住んでいる限り、通常ほとんど遭遇しません。だとすれば、審査も試合も稽古の延長あるいは一部と言えますから、結果的に、武術というものは、「稽古に始まり稽古に終わる」、そういう営みだと言えます。つまり、武術を習うというのは、何かのために習うのではなく、習うこと（稽古すること）そのものが目的なのです。

なお、スポーツはそうではありません。スポーツの目的は、試合（ゲーム）に勝つことです。ゲームに勝つために日々、練習します。勝つという明確な目標のある活動ですから、そういうゴールに向かって邁進し、結果として勝てば喜び、負ければ悔しがる、そういう営みです。再び勝ちた

ければさらに練習に励み、次に負けたくなければさらに練習に励みます。したがって、普段の練習はあくまで、試合に勝つという目標を達成するための「手段」なわけです。決して練習そのものが「目的」ではありません。ここに、武術とスポーツの大きな、そして、決定的な違いがあります。

武術とは、地道な稽古そのもの、「稽古するために稽古する」、ただひたすら稽古に励み続ける、そういう活動です。そして、そこにこそ武術稽古の本当の喜びがあります（第5章）。『ドラゴンへの道』は勧善懲悪の娯楽カンフー映画です。ただ、そこに込められたメッセージはまさに、陰で日々稽古に励み続けることが重要なのだ、それが達人への道なのだ、地道に努力し準備しておくことがいざというときに役に立つのだ、ということなのではないでしょうか。主演・脚本・監督であるブルース・リーが映画を通して観客に伝えようとしているメッセージとは、単純なことではありますが、まさにそういうことなのではないかと思わずにはいられません。

## 2 ブルース・リーのようになりたい、しかし……

ところで、その「カンフー映画」の「カンフー」の意味をご存じでしょうか？　武術を習っていたり格闘技を見るのが好きだったり香港・中国アクション映画のファンだったりする方は常識かもしれませんが、まずそもそもカンフーとは、中国語で「功夫（工夫）」と書きます。

「功夫（工夫）」にはいくつか意味がありますが（白水社中国語辞典）、その中に「ある事柄をするのに要する時間」や「努力、骨折り、苦労」という意味があります。おそらくそこから派生したのだと思われますが、「腕前、造詣、修業」という意味もあります。特に「努力、骨折り、苦労」のときは「工夫」が、「腕前、造詣、修業」のときは「功夫」が使われることが多いようです。つまり、カンフーとは、ある一定の時間を要して努力し骨を折り苦労すること、その結果、高い腕前や深い造詣を身に付けること、つまり、長く厳しい修業を経ること、といった意味を持

つ言葉、ということになります。

例えば、会話では「他有一手好功夫（彼はとても良い腕前を持っている）」というように使います。また、中国には「功夫不負有心人（努力は志のある人を裏切らない→頑張って努力すればできないことはない→努力は報われる→石の上にも三年）」ということわざもあります（「有心人」とは、志のある人、という意味）。良い腕前を持つに至るには一定の時間努力・修業することが必要ですし、そういう風に努力・修業した人は必ず報われるだろう、という意味です。

いわゆる中国拳法（中国武術）は、英語でChinese boxingやChinese martial artsと訳されるか、あるいは、この功夫の発音を英語表記してkung-fu（gong-fu）とも訳されます。つまり、「中国拳法（中国武術）映画」という意味で「カンフー映画」ということになるわけですが、カンフーのそもそもの意味としては、このように、長く厳しい修業を経ることを指しています。

映画『ドラゴンへの道』でブルース・リーは、カンフーを積むことが達人への道であることを暗に勧めていました。武術の稽古とはまさに功夫を積むことであり、それはつまり、日々一定の時間を要して努力を続けることを指します。そうして努力を続けることは必ずや報われると、中国のことわざも示しています。しかし、そうは言っても、修業を続けることは容易ではありません。すでに「修業」という言葉そのものに腰が引けてしまう人もいることでしょう。

カンフーを積めというブルース・リーのメッセージは確かにその通りであり、その教えに従って自分もブルース・リーのようになるために修業したい。その初志はとても大切です。しかし、そうは言っても、なかなかブルース・リーのようにストイックに稽古を続けることができない。多くの人がそんな風な悩みを抱えていることと思います。単に、ストイックに修業せよとか、セルフコントロール（自己制御）せよと言われて、「はい、分かりました」とその通りすぐに誰でもできるのなら、世の中こんなに困っていません。なれと言われてなれるなら、もうなっているでしょう。

一方で確かに、ブルース・リーのように、ストイックにセルフコントロールできる人、というのは世の中に一定数います。でもそれはほんの一握りの人だと思います。例えば、プロスポーツ選手のようなトップアスリートだとか、囲碁や将棋のプロ棋士だとか、あるいは、人間国宝級の伝統工芸品の職人だとか、です。彼らは、超人的な集中力と継続力でもって長い年月をかけて地道な練習をしてきた結果、超人的な知と技を身に付けていて、一般人（凡人）である私たちからすればまるで魔法か超能力か精密機械のようなパフォーマンスを発揮します。

もちろん天性の才能は当然あるとしても（例えば、体格や体力や身体能力には先天的に大きな個人差があります）、あくまで同じ種としてのホモ・サピエンスが長く厳しい修業を経た結果、体現することができるようになったパフォーマンスに変わりありません。ですから、当然ながらプロのパフォーマンスには到底及ばずとも、凡人は凡人なりに、地道にカンフーを積めば、その分だけパフォーマンスは必ず上がっていくはずです。

したがって、本書は、単にストイックになれとか、セルフコントロールできる人になれという本ではありません。それはあまりにも単純過ぎます。また、もともとできる人にも、本書はあまりためにはなりません。そもそも、もともとできる人は本書を手に取らないはずです。つまり、本書は、ストイックに修業を継続せよ（さすれば報われる）ということを単純に唱える本ではなく、一般人（凡人）である私たちが果たしてどうやったら結果的に（気が付いたら）稽古を続けられているかを探る本です。

今こうして文章を書いている私も、どちらかというと体力はない方ですし、身長は高いですが決して身体は丈夫でないですし、運動や筋トレなどがそもそも嫌いです。こういう私が、どうやって稽古を普段続けているかという経験を踏まえつつ、心理学的にはそこにどういうことが関係しているのか、どうすれば（どのように考えれば）稽古を地道に続けられるか、といったことを考えていきたいと思います。

## 3 "3年"続ける

結論から言えば、達人へと至る道の奥義は、地道な積み重ね（継続）です。人は誰しも、一挙に結果に辿り着きたいとしばしば思うものですが、結局のところ、そんな都合の良い（ウマイ）話はありません。光の国からやってきた宇宙人に乗り移られたり、悪の組織に改造されたりして、ある日突然超絶的な力を手に入れるのは虚構の世界です。現実は、古今東西どんな達人・名人も、地道にコツコツと修業を積み重ねた結果、その境地へ至っているものです。

「千日をもって鍛とし、万日をもって錬とす」とは、かの剣豪・宮本武蔵（１５８４〜

# 1000日≒3年 10000日≒30年

１６４５）の言葉（『五輪書』）です。一説には、これが「鍛錬」の語源だと言われています。ただ、余談ですが、「①金属を鍛え練ること、②厳しい稽古を積んで、技芸や心身を練り磨くこと、修養、修行を積むこと、また、学問や技術などをよく修めていること」を意味する「鍛錬（鍛練、鍛煉）」（日本国語大辞典）は、すでに、①の意味では『報恩録』（１４７４）という書物に、②の意味では羅葡日対訳辞書（１５９５）に掲載されていますので、同時代に生きていた武蔵は鍛錬の意味を分かった上で、「千日をもって鍛とし、万日をもって錬とす」と説いたものと推測されます。それはともかくとしても、武蔵のこの言葉が私たちの心に深く響く言葉であることに変わりはありません。

千日とは単純計算して3年、万日とはその10倍の30年です。稽古や修業というものは、3年やってもまだまだ道半ば（というよりもまだ端緒！）、30年やってようやくものになる、という意味でしょう。さきほど、中国のことわざの「功夫不負有心人」の意味として日本

語のことわざである「石の上にも三年」と書きましたが、武蔵からすれば「石の上にも30年」ということになります。途方もなく長い年月をかけて地道に積み重ねていくことこそが修業であり、達人への道だということです。

ここで、この武蔵の言葉をあえて強引に解釈してみます。私たち凡人にとって30年という長い年月は、考えだけで途方もないですが、少なくともまずは3年やってみよ、とも読めないこともありません。達人への道は相当に長い、そう簡単には辿り着かない、しかし、とりあえず3年やれば鍛錬の「鍛」にはなっているぞ、ということです。私たちからすれば、日々の日常生活を営む中で、あることを3年続けていれば、それはそれなりのものになっているはずです。３年という月日はそれくらい十分に長い時間です。中学や高校なら卒業しています。つまり、現代生活において「私はカンフーを積みました（ある事柄をある一定期間努力して行いました）」と言えるくらいには十分な年月だということです。私たちは、決して武蔵にはなれません。そこで本書ではまず、目標として「３年」続けるにはどうすれば良いかを考えていくことにしたいと思っています。

## 4 継続は力なり

急がずに時間をかけて行うこと、時間を要してじっくり身に付けること、つまり、継続して訓練・修業することを良しとすることわざや寓話などは、枚挙に暇がありません。例えば、英語には次のようなことわざがあります。

Easy come, easy go.（得やすいものは失いやすい）
Soon learn, soon forgotten.（すぐに覚えたことはすぐに忘れる）
Slow but steady wins the race.（ゆっくり着実にやれば、必ず競争に勝つ）

## More haste, less speed.（急がば回れ）

「Easy come, easy go（得やすいものは失いやすい）」や「Soon learn, soon forgotten（すぐに覚えたことはすぐに忘れる）」とは、つまり、簡単に身に付くようなこと、簡単に覚えられるようなことは、すぐにできなくなるし忘れてしまう、ということです。そんな知や技は、結局、使えるようで使えません。いざというときに、役に立ちません。本当に使える（役に立つ）知や技というものは得てして、なかなか身に付かないし覚えられないものです。そういう真の技を、あるいは、その技の真の意味（真価）を体得するためには、それ相応の時間と労力が掛かります。しかし、そうして時間と労力をかけて体得したものは、そう簡単には（身体が）忘れないですし、そう簡単に忘れないということはいざというときに役に立つ（身体が自然に動く）、ということです。

「Slow but steady wins the race（ゆっくり着実にやれば、必ず競争に勝つ）」や「More haste, less speed（急がば回れ）」とは文字通り、勝ちを急いで（目標に到達することを急いで）、性急に事を成そうとするよりも、最終的に勝ちたい（目標に到達したい）のならむしろ、焦らずじっくり構えて事を成すべきだ、という教えでしょう。「急いては事を仕損じる」ということわ

ざもある通り、焦ればそれだけ稽古そのものも身に入らないし、稽古の期間が短ければそれだけ技の体得具合も浅いに違いありません。じっくりゆっくり着実に日々の稽古を重ねることが、目標（達人）へと至る王道だということです。

イソップ童話の「ウサギとカメ」の話は有名ですね。足の速いウサギと足の遅いカメが競争し、最終的にはカメが勝つ話です。この寓話の教訓は、自身の才能への過信は禁物であり、地道に努力を続けることが最後には成果を得る、というものだと思います。世の中には確かに才能のある人がいます。ただ、その才能だけに頼っていれば、その人は、才能はないけれども努力した者に負けるのだ、という意味で、地道な努力を称賛する話と言えます。「地道に努力するウサギ」こそがトップアスリートやトップ棋士なわけですが、相対的に見れば、私たち凡人は明らかにウサギではなくカメです。だからこそ、着実に地道にじっくりゆっくりと稽古を積み重ねることが必要であり（むしろそれしかできないわけで）、その結果として究極的には、ウサギに勝るとも劣らない境地に至ることもあり得るでしょう。

しかし、いくらカメだからといって、努力を続けることは簡単ではありません。特に、稽古が「苦しい」と思えば、それを続けることは辛いに違いないでしょう。「苦しい」と思えば、稽古は続きません。稽古は本来「楽しい」ものです。「楽しい」からこそ続くのです。「楽しい」とは「快感情（喜びのようなポジティブ感情）」を喚起する、ということです。日々の稽古が「快感情（喜び）」になる仕組みは、後半の章（第5章、第6章）で順次説明していきます。

また、少なくともまずはそもそも、「苦しくない」稽古をすることが、稽古を続けるには肝要です。つまり、毎日の稽古はほどほどに行うことが重要です。これについても、後の章で詳しく説明します（第7章）。要するに、「ちりも積もれば山となる」の精神で、日々、小さな歩みでコツコツと、頑張らない（頑張りすぎない）稽古をしていくよう心掛けると、うまくいくのです。「千里の道も一歩から」です。このことわざは、老子の教えが元になっています（『老子（道徳経）』第六四章。拙著『老子の兵法』［ＢＡＢジャパン］144ページも参照）。長大な成果も、一歩一歩の積み重ねによって出来上がります。最初から千里の旅を思うとその途方もなさに圧倒されてしま

## ポイント

◎ブルース・リーなど、達人へと至る道の奥儀は、地道な稽古の積み重ね。

◎時間をかけてじっくり身に付けたものは、大きな力になりやすい。つまり、「継続できるか」ということはものすごく大事。

いますが、まずは目の前の一歩、毎日の一歩を進めていくことに集中することこそが、武術稽古のミソです。

稽古を継続するための「ヒント」の話に行く前に、この「継続は力なり」といった点について、次章でもう少し詳しく見ていくことにしましょう。

# 第2章

# 積み重ねこそ奥儀

2
Tue

## 1 技の習得

本題である次章以降の話に行く前に、本章でまず、技の習得に関するプロセスについての説明から始めたいと思います。武術の修業を継続する（カンフーを積み重ねる）中で、私たちが身体的な動作をどのように身に付けていくのか、その過程（段階）を知っておくのは、稽古を続けるヒントを考える上で、大いに役立つと思うからです。

唐突ですが、みなさんは、箸を使うことができますでしょうか？　そう、ご飯を食べるときのあのハシです。「ばかにしちゃいけないよ。そんなの当たり前だ」と答える人がほとんどで

しょう。では、自転車を運転することができますでしょうか？　これについては、そこそこ多くの人が「もちろん。そんなの簡単だ」と答えるのではないでしょうか。ではさらに、自動車を運転することはできますでしょうか？　こうなると、さすがに一定期間自動車教習所に通うなどした後に運転免許試験に合格している人でないと運転できませんから、誰でもできる、というわけではありませんね。

まず、ご飯を食べるときの箸について考えてみますと、実は非常に複雑な作業をしていることが分かります。箸を使って食べ物を口の中に入れるためには、いくつもの作業を同時的かつ連続的に、適切かつ円滑に行う必要があります。具体的には、

（1）まず対象物（目標物）である食べ物を「目」で視覚的に捕え、
（2）あの20センチ前後の細長い棒2本を同時に「手」に握り込み、
（3）その対象物を器用に挟み、
（4）そのまま潰さず放さず、微妙な力の入れ具合を維持しつつ、「肩」から「指先」までの筋肉と関節の動きを調和させながら持ち上げ、
（5）頭部の真ん中やや下の方に位置する口の辺りまで持ってくる、
（6）このときに絶妙なタイミングで「顎」の関節と周辺の筋肉を使って「口」を開ける（1〜5の作業中ずっと口を開けて準備しておくのは子どもっぽいので、普通、大人はしない）、

という流れです。さらに言えば、特に（3）と（4）の「挟み続ける」（箸でつまみ続ける）という芸当は、とてつもない難しさを含んでいます。つまり、

（ア）箸の一方と他方が、正確にお互いの中心方向へと力が加わるようにする必要がある。そうしなければ、挟んでいる対象物を中心にして回転してしまい、落としてしまう。
（イ）対象物を挟む(つまむ)ということは、強すぎても潰してしまうし、弱すぎても放してしまう。

# 箸使いの精妙なプロセス

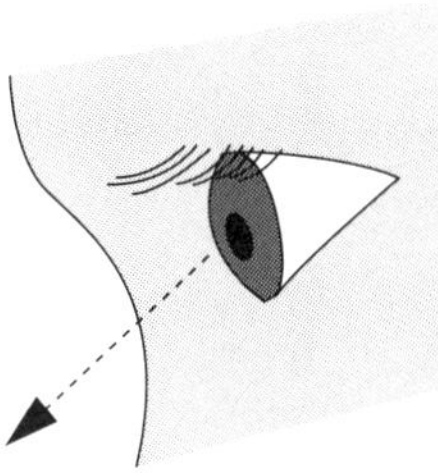

(1) 対象物である食べ物の「目」で視覚的に捕える。

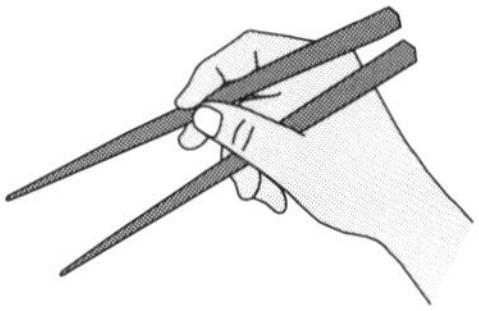

(2) 細長い棒2本を同時に「手」に握り込む。

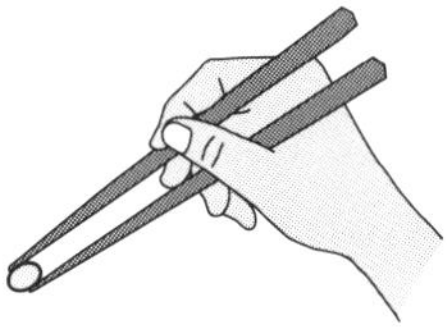

(3) 対象物を挟む。

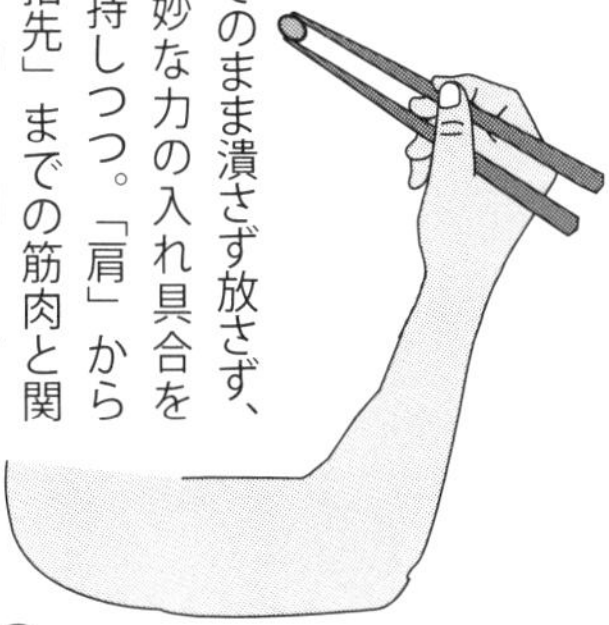

(4) そのまま潰さず放さず、絶妙な力の入れ具合を維持しつつ。「肩」から「指先」までの筋肉と関節の動きを調和させながら持ち上げる。

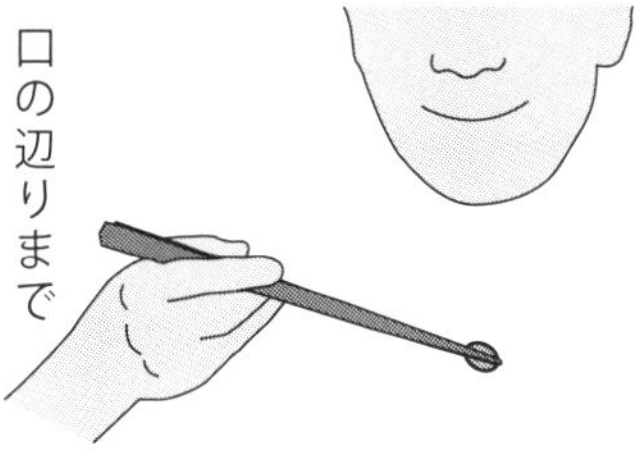

(5) 口の辺りまで持ってくる。

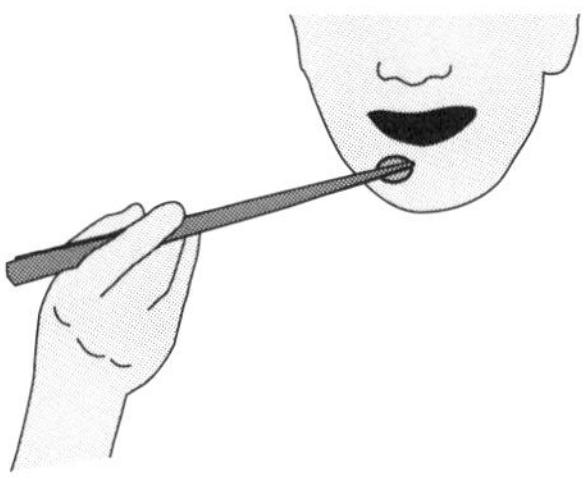

(6) 絶妙なタイミングで「顎」の関節と周辺の筋肉を使って「口」を開ける。

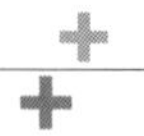

## （ア）力の方向の精妙さ

箸先からの力の方向が互いの中心に向かっていないと、対象物を中心に回転して落としてしまう。

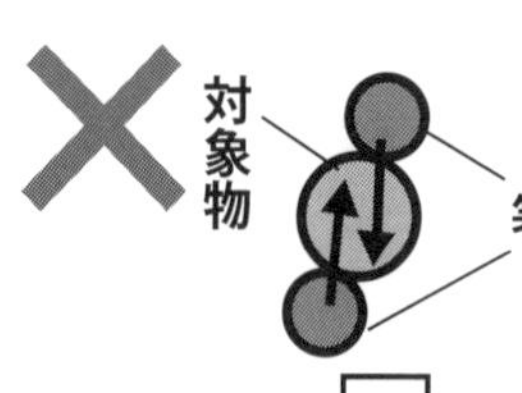

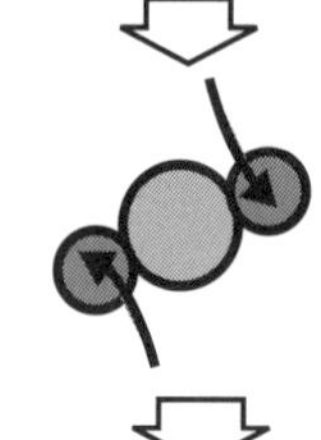

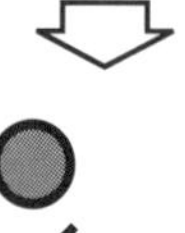
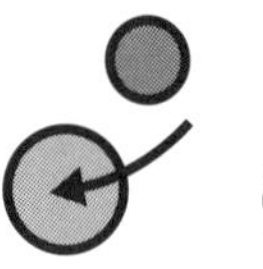
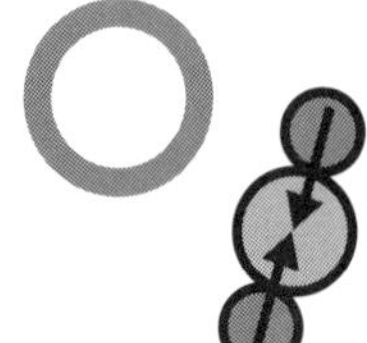

## （イ）力の強度の精妙さ

対象物に対して力が強すぎるとつぶしてしまう。

力が弱すぎると対象物を保持しきれず放してしまう。

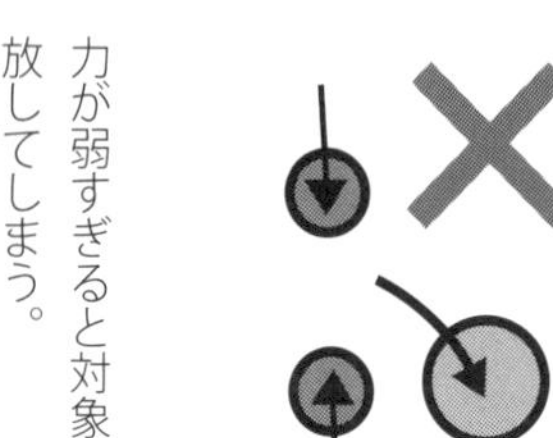

つまり、対象物の「固さ」や「重さ」あるいは「表面の質」を絶妙に感知して、ちょうど良い力の入れ具合で調整し続けなければならない。

ということです。これがいかに難しいかは、ロボット工学において、人間の手と同じ動きをするロボットハンドを作ることが極めて難しいことからも分かります。現在では、片手でルービックキューブを落とさず持って解く器用なロボットハンドが登場したり、器用に箸でゆで卵や煮豆をつまむロボットハンドも出てきたりしていますが、こうした絶妙な運動制御を実現するに至るまでには、相当に長い時間の研究と高度な技術の開発が背景にあります。

このように極めて複雑な連続作業を、私たちは毎日、いとも簡単に行っているのです。冷静に考えてみれば、これこそまさに神業です。小学校中学年（3・4年生）以上であれば、この神業を当たり前のこととして、自動的に行っています。（1）〜（6）の作業を意識して意図的に行っている人は、おそらく皆無でしょう。

どうして神業かと言えば、小学校低学年（1・2年生）ぐらいまでの小さな子どもを観察してみれば分かります。生まれたばかりの乳児はもちろん自ら食事はできませんが、少しずつ成長するにつれて、自分で食事をするようになります。このとき、幼児はまだ箸は使えません。まず

は、スプーンやフォークを使って、なんとか食べ物を自分の口まで運んできます。お腹が空いていますから、一生懸命食べ物を口に運びますが、かろうじてスプーンやフォークに載せたものの、その途中で落としたり、口に入れる直前のあとちょっとというところで失敗して落としたりします。なかなかうまくいきません。しかし、お腹は空いていますから、めげずに毎日毎日、繰り返し、食べ物を口に運びます。そのようにしてひたすら繰り返しているうちに、やがて上手に口に入れることができるようになります。

そうなると次はいよいよ、スプーンやフォークより難易度の高い箸です。ここからまた、箸との格闘が始まります。お腹は空いていますから、なんとかしてこの道具を器用に使って、お腹を満たさなければなりません。そうして毎日毎日、繰り返し箸を使って食べ物と格闘しているうちに、やがて上手に食べられるようになります。ただ、ここまでの道のりは決して容易ではありませんでした。一朝一夕でできるような技ではありません。私たちは、今でこそ普段当たり前に使っている箸ですが、実は何年も積み重ねてようやく、ストレスを感じず、何も意識せず、自動的に、箸を使えるようになっているのです。

つまり、長い時間の少しずつの積み重ねによって、やがて（箸を使わない文化に住む外国人から見ればまるで）神業のようなスキルを身に付けることができる、ということです。このとき私たちは、箸を一日中持って訓練されたわけではありません。また、週に1〜2回何時間もかけて特別に箸の使い方だけを練習したわけではありません。毎日の目の前の食事に集中して、そのときだけ一生懸命に箸を使って食べるという習慣的な積み重ねの結果、今、自由自在に箸を使って食事ができるようになっているのです。

ちなみに、私は右利きなのですが、大人になってから（確か30代前半ぐらいに）、食事の際には箸を左手に持って食べるようにして、今に至っています。つまり、もうかれこれ20年間ぐらい、利き手ではない左手で食べています。これは、武術を嗜む者であれば左右の手をバランス良く使えなければならないと、あるとき急に思い立って始めました。今でこそ自然に（むしろ右手で食べるのに違和感があるぐらい）左手で箸を使っていますが、特に最初の3ヶ月は散々でした。というのも、幼児と同じく、まったく箸を上手く操作できないのです。箸で物を挟めないですし、なんとか挟めたとしても落としてしまうし、なんとか落とさないようにしても口元に持ってくることができません。当然、食べた気がしないし、せっかくの食事タイムを気分良く過ごせません。ただ、毎回の食事ごとに感覚が少しずつ掴めていく喜びがありました。前回よりも今回の方が、ほんのちょっと上手くいくようになっている感覚です。もちろん、その技の上達は一進一退です。しかし、長い時間をかけて少しずつ積み重ねていくことで、最初は無理かもしれないと思っていたことも、やがてできるようになりました。まったく違和感なく左手で食べられるようになったのがいつ頃かは忘れてしまいましたが、大人になってからでも、コツコツと少しずつ続けていくことで、利き手ではない手でも自在に箸を操れるようになるものなのです。

箸を使うといったような日常生活の動作がいかに困難な技の連続・連携であり、そうした困難な技を習得するまでには長い年月の積み重ねが必要であることは、十分お分かりいただけたかと思います。これに対して、プロのスポーツ選手や武術の達人が見せる「神業」的なプレイ、あるいは身体や道具のコントロールについてはどうでしょうか。もちろん、そうしたプロや達人に至る人というのは、私たち凡人にはない才能やセンスを元々持っている人ではありますが、しかし、

そうした非凡な人であっても、技の精密さを実現するためには、ただひたすら練習（稽古）の積み重ねしかないことに変わりはありません。身体運動の制御は、一度や二度の練習で実現できるものではないですし、極意書だとかマニュアルだとか教本だとかを読めばできるものでもありません。もちろん、コーチや先生の一言でガラッと変わることもありますが、そこで掴んだコツを身体的に実現するためにはやはり、練習（稽古）を積み重ねて精度を上げていく必要があります。つまり、プロや達人の精妙なプレイやコントロールも、箸を使うのと同じく、ただひたすら地道に積み重ねていくことで到達できるものなのです。

## 2 学習の3段階モデル

プロや達人の話は私たち凡人にとってあまり実感がないでしょうから、再び話を日常生活に戻します。箸を使えるようになったご自身の感覚にピンと来なければ、自分の記憶の中で、例えば、自転車に乗れるようになったことを思い出してみてください。あの二つの車輪の付いた乗り物に乗るには、「目」でもって路面や前方などの視覚的な状況を捉えながら、「全身」でもってバランスを維持しつつ、「足」でもってペダルを漕いで推進させ、「手」でもって方向とブレーキを操作しなければなりません。冷静に考えたら、まるでサーカス団の曲芸師並みの神業ではないでしょうか。

これもまた、小さな子どもは苦労して練習して、やがて一人で運転できるようになります。私自身も、幼稚園生の頃に家の前の道路で乗る練習をしたときの記憶が、今でも鮮明に残っています。それぐらい苦労したし、だからこそ乗れるようになったときの喜びもひとしおだったのだと思います。

もっと記憶に新しいところで言うと、自動車やオートバイ（二輪車）の運転免許を持っている人であれば、免許を取得するまでのことを思い出してみてください。最初に教習所に通っていたころ、自動車やオートバイは、なんて難しい乗り物なんだと感じたのではないでしょうか。私は上京してすぐ、自動車より先にオートバイの免許を取ったのですが、オートバイの操作の難しさに本当に苦労しました。考えることや注意することがいっぱいで、まるで運転どころではありません。こんな難しい乗り物を、自分は乗りこなせるようになるのだろうか、果たして教習所を卒業できるのだろうか、と不安になったことを思い出します。

しかしやがて、自動車で言えばだいたい仮免許を取るようなころにはだいぶ慣れてきて、不安や緊張はありつつも、少しずつ余裕が出てきます。ただ、まだこの段階では、周りの道路状況や自分の操作を意識して意図的に動かしている段階です。そうして最終的に免許を取ったころには、それなりに自在に運転することができるようになっていて、運転することが楽しくなっていたは

自動車やオートバイの複雑多岐にわたる操作も、知覚と身体運動との結びつきができてくると、無意識的にスムースにこなせるようになる。

ずです。それから数年も経てば、もう、運転することそのものにまったく意識を向けず、自動的に操作できるようになります。運転しながら同乗者と会話したり、音楽を聴いたり歌を歌ったりすることもできます。継続して運転し続けた結果、教習所に通い始めたころには想像できなかったようなことを、できるようになっているわけです。

このような、視覚や身体感覚などの知覚と身体運動との結びつきのことを心理学の専門用語で「知覚運動協応」と言います。運動の制御における知覚系と運動系との対応関係・相互協調関係のことで、こうした関係を習得（学習）すること、つまり、新しい運動技能を獲得することを、「知覚運動学習」と言います。なお、運動技能は、身体的な記憶の一つですから、手続き的記憶（手続き的知識）とも呼ばれます。

この知覚運動学習のプロセスには3段階あることが、古くから言われています。それが、1967年に示されたフィッツとポスナーの「学習の3段階モデル」です（『作業と効率』福村出版）。具体的には、

**（1）認知段階：課題について理解する、試行錯誤の段階**

**（2）連合段階：誤りが減って課題処理が滑らかになる段階**

**（3）自律段階：意識せず自動的安定的に課題を遂行できる段階**

の3段階です。お分かりのように、（1）から（3）にかけて、意識的な状態から無意識的な状態へと変わっていきます。「意識的」に処理しているというのは、意図的統制的に処理しているということであり、一方、「無意識的」に処理しているというのは、非意図的自動的に処理しているということです。運動技能の学習はこのように、徐々に意識的な処理から無意識的な処理へと進んでいきます。箸も自転車も自動車も、この（1）から（3）のプロセスを経て、やがて、

# 知覚運動学習の３段階

（1）認知段階

課題について理解する、試行錯誤の段階

（2）連合段階

誤りが減って課題処理が滑らかになる段階

（3）自律段階

意識せず自動的安定的に課題を遂行できる段階

意識せずとも自動的に操作できるようになる、ということです。

武術の稽古で言えば、例えば、（1）の認知段階とは、基本の動作や形(かた)の順番（技を繰り出す手順）を教わる段階です。先生の指導や先輩の動きに従って、一つ一つ覚えていく段階です。最初から正しく精密に動ける人はいませんので、指摘や注意を受けつつ、試行錯誤しながら、動作を覚えていきます。また、この段階では、まだ大枠で動作を覚えることだけが求められていますから、指摘される点も、全体的な動かし方や四肢の位置だったり、基本的な動きの間だったりします。

この段階を経て、大枠で身体の動かし方や技の手順を一通り覚えますと、次の（2）の連合段階になってきます。ここでは、すでに覚えた動作や手順そのもののミスは減り、意識しつつも滑らかに操作ができるようになります。武術の稽古で言えば、この段階での先生や先輩からの指導は、より細かい指摘や注意に移っていきます。こうして技がますます精緻に洗練されていきます。

この段階を越えると、その技や形は正確さを保ちながら自動的に（意識せずとも）行うことができるようになります。これが（3）の自律段階です。ここまでになると、その技や形について先生や先輩から指摘や注意をされることはほとんどなくなるでしょう。

ただもちろん、私たちは人間であり、人間の行う身体運動ですから、機械やロボットのように正確無比に毎回同じように動作することはありません。どれだけ修業しようとも、そこには常に誤差（ブレ）はあります。場合によっては、他の技や動きを身に付けたことで以前の技や動きがおろそかになることもあるでしょう。武術は身体技法ですから、指摘や注意がなくとも、また、自律段階に至って自動化（無意識化）されているのだとしても、常に自分自身で意識的にチェックする必要はあります。

余談ですが、一般的に、このように修業の段階が上がれば上がるほど、他者から間違いを指摘される機会はなくなります。ですので、指摘してくれる他者（先生や先輩、あるいは同輩や後輩など）がいるということは、修正の機会を与えられているという点で非常にありがたい環境であると言えます。

## 3 運動技能学習の難しさと楽しさ

このようにして運動技能は学習（習得、獲得）されますが、当然、（1）や（2）の段階では、自分の思い通りに行かないところに困惑したり、焦ったり、イライラしたりと、歯がゆさや心地悪さを感じると思います。私たちはしばしば、身体は心の乗り物であると思ってしまうことがあります。心が主で身体が従であり、心が身体を動かしているということです。しかし、自動車運

## 運動技能学習のしくみ

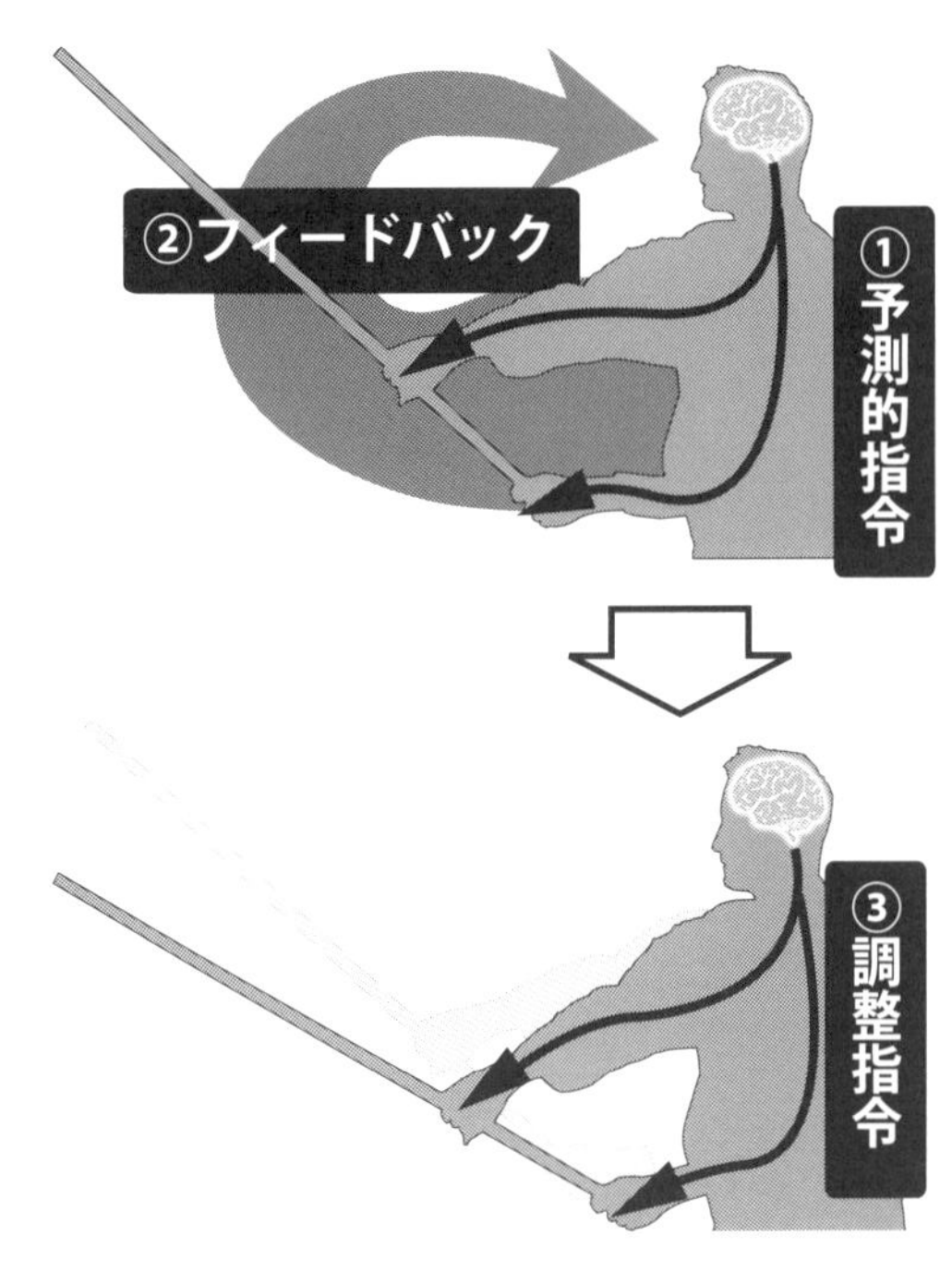


運動技能の学習は、まず①脳が運動神経を通して身体に予測的な指令を出し、その結果である動きを知覚的にフィードバックし、③調整した再指令を身体に出す。これを繰り返すことによって精度を上げていく。

転やスポーツ・武術などの運動技能学習をするときにまず感じるのは、いかに身体が心の思う通りに動かないか、ということではないでしょうか。つまり、身体は決して心の乗り物ではないのです。身体は思ったほど、最初から自在には動きません。中枢である脳が末梢である身体に運動神経を通して予測的に指令を出し、逆に、身体からの知覚的なフィードバック（知覚神経）によってその予測を繰り返し調整することによって、最適な解を出そうとしているのが私たち人間です。このように知覚運動協応が最適な状態になるまでには、一定の試行錯誤を繰り返す必要があるため、相応の時間がかかります。この間、難しさを感じるのは自然なことです。

このとき、私たちの心情としては、できるようになっている自分（理想自己）を想像し、一方で、現時点ではできていない自分（現実自己）がいて、理想自己と現実自己との間のズレ（ギャップ）に不快感を覚えます（このズレのことを、心理学では「セルフディスクレパンシー」と言います）。こうした不快感情（ネガティブ感情）をなるべく抱かないようにするのが稽古のコツになるわけですが、これについては第7章でまた詳しく説明します。

一方で、地道に継続して積み重ねた結果として、知覚運動学習が進むこと自体、私たちは純粋に楽しさ（喜び）を感じることも事実です。前にはできなかったことが少しでもできるようになるというのは、お金では買えない、かけがえのない喜びです。稽古のコツとしては、この、毎日の小さな変化に気づいていくことで、小さな喜びを感じられるようになることです。一挙に理想に到達しようとするのではなく、毎日、毎回、何か少しでも（本当に微細なことでも良いから）変化したことに気づいていく、ということです。これについては、第5章と6章で詳しく述べます。

もう一点、楽しさ（喜び）という点でさらに付け加えておきます。ある運動技能において学習の3段階モデルの（3）「自律段階」に到達すると、そこまでに獲得された運動技能は完全に自

段階が進むほどに身体に向ける意識のゆとりが増え、新たな気づきを得る可能性が上がっていく。そしてその気づきが、稽古の楽しさに繋がっていく。

動化されますから、それに注意を向ける資源は必要なくなります（なお、心理学では、こうした注意の資源のことを、「実行資源」だとか「認知資源」と言います）。注意資源（実行資源、認知資源）が余れば、今度はそれを別なところに向けることができます。そうなりますと、その技そのものやその技を含む体系は次の段階に進みます。つまり、意識を違うところに向けられるので、以前とは違う段階あるいは違う相で身体の変化や違いに気づくようになります。この上昇（成長）と新しい気づきこそがまた、武術稽古の喜びとなっていきます。この辺りについても第5章と第6章で触れます。

# 4 武術脳を常態化する

先に、知覚運動学習（学習の3段階モデル）の説明のところで、運動技能は身体的な記憶（手続き的記憶）だと書きました。記憶の一つですから、身体的な運動技能を学習（習得、獲得）するには、相応の時間をかけて繰り返し練習することが必要です。つまり、地道な積み重ねです。

これは、語学（外国語会話）の学習にも同じように当てはまります。例えば、英会話を身に付けることを例にしますと、英語で外国人とコミュニケーションをするという行為は、きわめて身体的な運動に近いと考えられます。もちろん、英単語や英文法などの知識は必要です。ただ、目の前の外国人を相手に、言葉をやりとりするということは、発話という身体的な運動を淀みなく円滑に行うということであり、まさに他者との行為のやりとりと言えます。このような英会話を身に付けるのは、相応の時間をかけて繰り返し練習することが不可欠です。

このとき、例えば、週に1～2回、それぞれ一時間だけ英会話学校に通っても、おそらく上達しません。英会話力（広い意味で語学力）は、毎日少しずつコツコツと積み重ねることが、後々効いてきます。一挙に学ぼうとしても、期待通りには上達しません。毎日少しずつ、時間をかけ

て学習（練習）を続けることが、英会話力（語学力）上達の王道であり近道です。望むらくは、例えば毎日10〜20分の学習を続け、週に1〜2回の英会話学校に通って外国人の先生と会話して腕試しをする、というのが理想的です（私自身の個人的な経験からも言えます）。

私は神経科学の専門ではありませんが、これはおそらく、英会話力を上げるという目的のもとで、日々、頭を「英語脳」にしておくことが関係していると考えられます。英会話は言語的な意味の記憶であるとともに、運動の記憶（手続き的記憶）でもあるとすれば、脳内で意味や運動を結びつける神経的なネットワークを常に活性化しておくことが、上達へとつながっていくものと思われます。毎日少しずつ積み重ねることが、つまり、毎日少しずつ英語に触れることが、まさに、「英語脳」を常態化するという意味で、英会話力向上の奥義だということです。ちなみに、かつて私が実行していた英会話学習は、毎朝、ＴＯＥＩＣのリスニング問題に数問だけ挑戦することと（耳の訓練）、ブログに書いた自分の日本語の文章を1〜2文ずつ英語に直していくこと（口の訓練）でした。トータルで20分ぐらいだったと思います。それに加えて週に1回、英会話学校にも通いました。３年もするとやがて、気が付けば英会話がそれなりに上達していました。

なお、受験生ではありませんから、毎日行う課題をあまり多くすると、続けることが困難になります。比較的容易に続けられる範囲の課題を設定し、これを毎日続けることが、やがて実を結びます。いやむしろ、日常生活で色々と忙しい私たちにとって、それ以外に有効な上達方法（奥義）は他にないのではないでしょうか。

英会話力（語学力）はこのように、毎日少しずつ無理のない範囲で積み重ねていることが上達のコツですが、例えば、最近では藤井聡太八冠（２０２４年5月現在）で話題を呼んでいる将棋のようなゲームも、日ごろから継続して積み重ねていることが、結局のところ、上達のコツなのではないかと想像します。例えば、詰め将棋を解くとか、棋譜並べをするとか、定跡（手筋）を

覚えるといった練習を、週に1〜2回それぞれ1〜2時間行ったところで、将棋が上手くなるとは思えません。将棋も英会話と同様に、定跡や手筋を知識として覚えると同時に、目の前の相手の手を受けてやりとりするコミュニケーションですから、そこには身体運動的な側面が多分に含まれているのではないでしょうか。ある手に対して自分がどのように（制限時間内に）反応するかは、最終的には身体的な感覚なのではないでしょうか。こうした感覚を研ぎ澄ましておくには、常に将棋に触れている必要があります。そのためには、週に1〜2回まとめて練習することも然ることながら、毎日少しずつ将棋に触れることが、「将棋脳」を常態化することにつながり、結果的に上達への近道となるのではないかと考えられます。

武術も、英会話や将棋と同じです。「英語脳」や「将棋脳」を常態化することが上達への唯一の道（奥義）であるとすれば、武術についても、まさに「武術脳」を常態化することが奥義であると言えます。武術の場合、「脳」と表現するのに違和感があれば、「武術的身体」でも構いません。要は、毎日コツコツと少しずつ稽古をすることで、自分の身体を常に「武術化」しておくことが要諦だと言えます。無理のない範囲で毎日少しずつ稽古することで、3年経った頃には、気が付けば予想以上に実を結んでいるはずです。身体技能の修得ですから、週に1〜2回しっかりと道場で稽古することももちろん大切ですが、むしろ上達のポイントは、「武術脳」あるいは「武術的身体」を常態化する「身体の武術化」であると考えられます。

## 5 母国語の修得

英会話学習（語学学習）を例に書きましたが、そもそも、みなさんは母国語（本書の読者であればおそらく大半は日本語）をどのように修得しましたか？　英会話がなかなか身に付かない、語学の学習は大変だ、と感じている人も、母国語である日本語は流暢に話せますね。これは、冷静に考えればすごいことです。私たち日本人にとって英語を学ぶことは容易ではないと感じるよ

うに、外国人からすれば、英語とまったく異なる文字や文法からなる日本語の学習はかなり難しいはずです。

そのような日本語を私たちはどのように身に付けたのでしょうか。もうお分かりのように、毎日コツコツと少しずつ、途方もなく長い年月をかけて身に付けているのです。毎日、日本語という言語環境の中で生活することで、まさに頭が「日本語脳」化したのが現在の私たちです。そのような経験の積み重ねによって、あるとき言葉を発し、やがて意味のある文章を発話し、言語的な知識と運動が複雑に結びついていって、現在のように高度な文章を互いに操ってコミュニケーションを成立させています。ここに至るまでには、地道な積み重ねしかありません。第二言語である英語を身

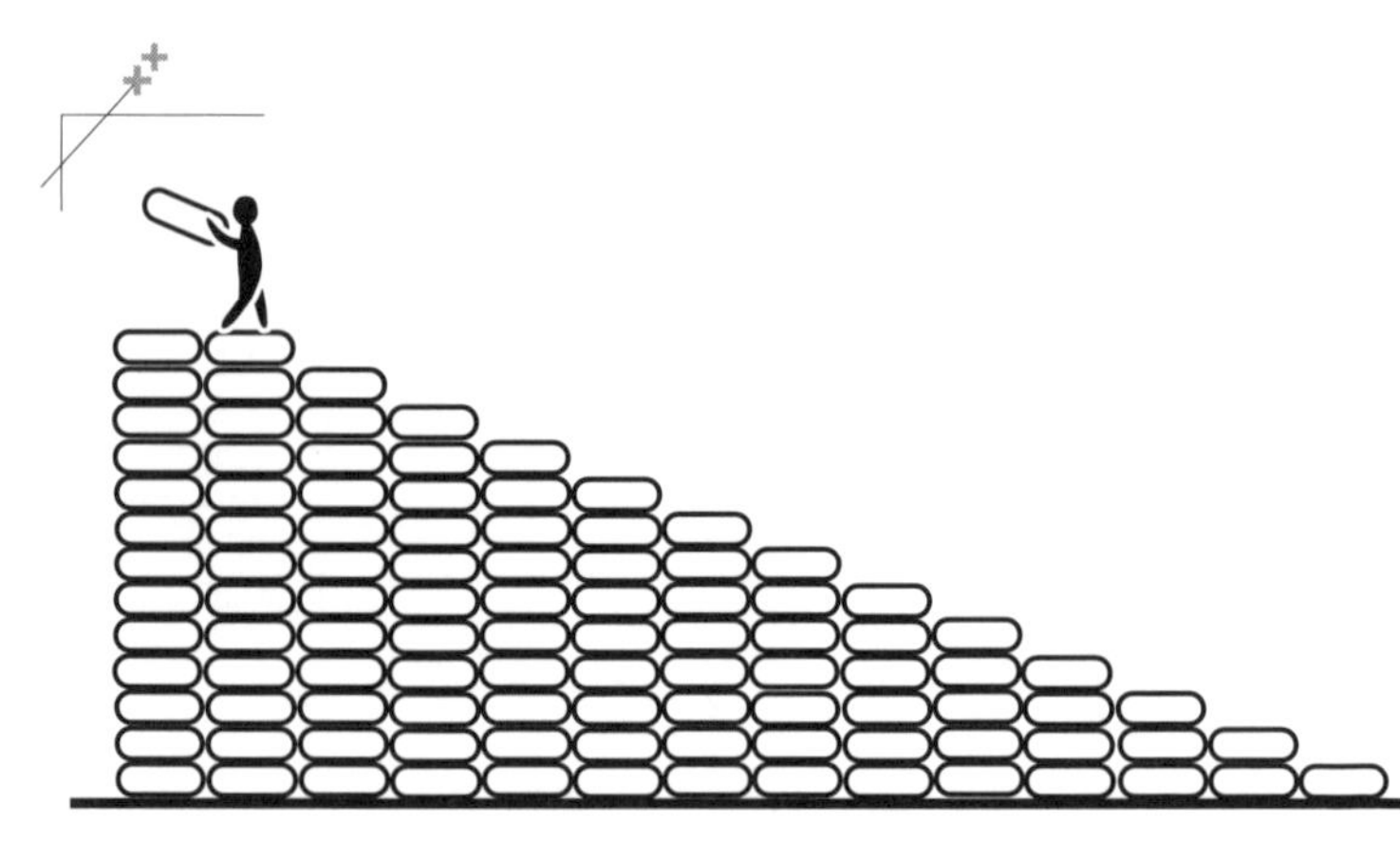

に付けるということは、そのような地道な作業でしか他に至る方法はない、ということでもあります。

もし仮に、英会話が上手くなりたいだとか、将棋が上手くなりたいだとか、武術が上手くなりたいと思えば、もっとも単純には、みなさんが身に付けている母国語のように、そのような環境に常に身を置けば良い、ということになります。英会話力（英語力）を短期間で身に付けようと思えば、1〜2年海外に留学するのがもちろんベストです。しかし、一日中将棋や武術をやっているのはプロの棋士や職業的な武術家しかいませんし、1〜2年も海外留学できるほど経済的時間的に余裕はありません。一般人のアマチュア愛好家である私たちがそうした環境に自らの身を置くコツとしては、少しの時間だけでも良いので、毎日それに触れて、「○○脳」を常態化することです。

なお、武術という身体的な技法を習得する上で、なぜ毎日少しずつ稽古することが有効なのかについては、第6章でもまた改めて別の角度から説明します。

## 6 石の上にも「3年」

では、「武術脳」あるいは「武術的身体」を常態化させるためには、一体どのくらいの期間が必要なのでしょうか。もちろん、長ければ長いほど良いわけですが、「長い」というのは具体的にどのくらいのことを指しているのでしょうか。それは、第1章でも述べましたように、ずばり、「3年」です。

第1章でカンフーの説明をする際に、中国の「功夫不負有心人（努力は志のある人を裏切らない）」ということわざを紹介しました。このとき、日本のことわざで言えば「石の上にも三年」に当たると言いました。「石の上にも三年」とは、たとえ冷たい石でも、その上に3年も座っていれば、やがて石も暖まってくることから、「努力はやがて必ず報われる」という意味で使われます。このとき、「3年」とは具体的な意味での約千日間ということではなく、大雑把に「長い間」ということを表現しているに過ぎません。ただ、そこからすると、私たち人間の生活感覚からすれば、「3年」という月日は十分に長いと言える期間であることを意味していると考えられます。

武蔵の言葉を思い出してください。武蔵の「千日をもって鍛とし、万日をもって錬とす」を強引に解釈すれば、これは、「少なくともまずは3年やってみよ」「とりあえず3年やれば鍛錬の『鍛』にはなっているぞ」とも読めると書きました。「石の上にも三年」ということわざと一緒に考え合わせれば、とにかく3年稽古することで、何かしら必ずや大きな変化が現れる、つまり、必ずその努力は報われて形となる、ということを私たちの先人は経験的に知っていたのではないでしょうか。

逆に言えば、3年ぐらいかけて何かが得られればよい、くらいのつもりで取り組むのも良いかもしれません。英会話も将棋も武術も、一足飛びにモノになるような類のものではありません。ひと月やそこらでモノにしたい、大きな変化を体感したい、という気持ちも分かりますが、それはあまりに都合が良すぎます。実を結ぶ楽しみを3年後に取っておいて、無理のない範囲で少しずつ稽古をしていくことを日々楽しむこと、つまり、「結果」ではなく「過程」を楽しむこそが、まさに稽古の本質です。

さて、後半の第5・6・7章ではそうして稽古を楽しむヒント（コツ）について詳しく考えていくとして、その前に、次章からの第3章と第4章で、まずは、私たちがどうしてなかなか稽古が

ポイント

◎少しずつでも、毎日積み重ねることは、結果としてものすごく大きなものになる。

◎まずは"３年"続けることを目標に。するとやがて「武術脳」「武術的身体」が常態化した状態になり、飛躍的に上達する。

始められないのか、あるいは、続けられないのかを考えてみたいと思います。それは言わば、コツの裏側あるいは背景にある心理的な特性です。そのことを事前に理解しておくことが、後半の話の理解をより良くするだろうと思います。

# 第3章

3 Wed

# 始められない心 続かない心

# 1 つい先延ばししてしまう

アメリカの作家・経営コンサルタントであるスティーブン・R・コヴィーのベストセラー『7つの習慣』(キングベアー出版)の中に、「時間管理のマトリックス」という話があります(なお、コヴィーによる原著自体は、1989年に出版されています)。有名なマトリックス(行列)なのでご存じの方も多いかもしれません。ビジネス場面において、ビジネスマンが行う様々な活動を、重要性の高低と緊急性の高低の2×2のマトリックスで示したものです。2×2なので、次の4つの象限に分けられます。

**(1) 第1象限:重要性高&緊急性高**
**(2) 第2象限:重要性高&緊急性低**
**(3) 第3象限:重要性低&緊急性高**
**(4) 第4象限:重要性低&緊急性低**

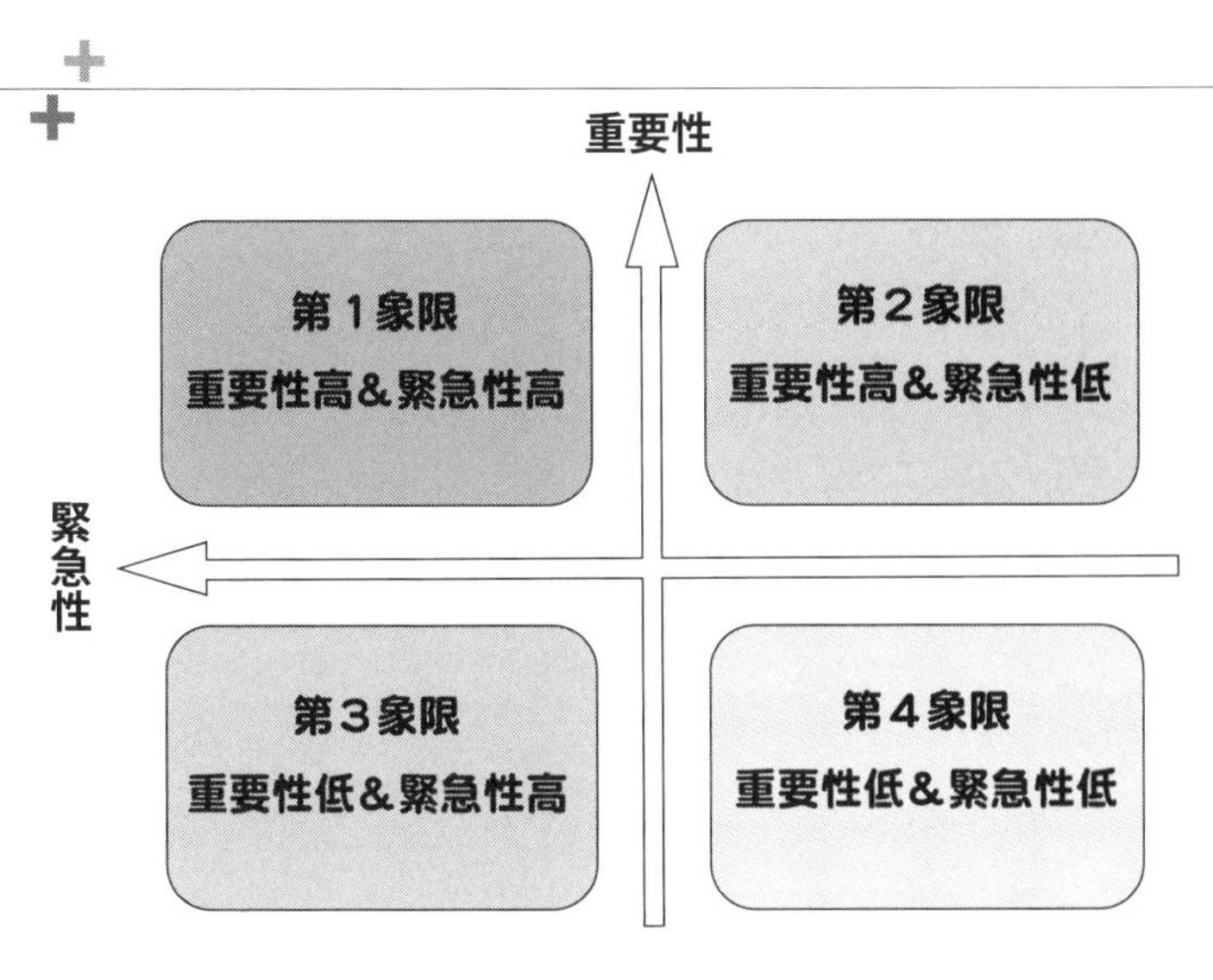


ビジネス場面ですので、まずは重要かつ緊急な「第1象限」のタスクを処理することが求められます。何よりも先に行うべきタスクということです。例えば、納期が近い大きなプロジェクトなどです。これに異論はないでしょう。では、その次に行うべき活動はどの象限のものでしょうか？あるいは、普段、みなさんはどの象限の活動を行いがちでしょうか？

つい取り組みがちなのが、「第3象限」の活動、すなわち、重要性は低いけれども緊急性の高いタスクです。例えば、突然の来客だとか、電話やメール、あまり自分に関係のない会議や打ち合わせなどです。重要ではないが、すぐに取り掛からなければならないもの、つまり、内容はともかく目先のものについ対応してしまうことが多い（そうしているうちに時間が過ぎてしまう）のではないでしょうか。著者のコヴィーによれば、中長期的にビジネスを成功させる上でむしろ取り組むべきは「第2象限」のタスク、つまり、緊急性はそれほど高くないけれども重要なもの、であると述べています。例えば、プロジェクトの新規立案、人材の育成、新しい顧客（取引先）の開拓などです。しかし、この第2象限のタスクについては、重要だとは分かりつつ緊急性が低いために、私たちはつい、取り組むのを先延ばし（先送り）してしまう、ということです。一方で、さらにもっと言えば、私たち人間というのは、大なり小なり色々とやるべきことはあるものの（やるべきだと分かっているものの）、現実逃避して、つい重要でも緊急でもないもの（第4象限の活動）に時間を費やしてしまいがちなのではないでしょうか。例えば、社内のうわさ話だとか、（過剰な）喫煙や飲酒や休憩だとかです。

ビジネスは生きるために必要な活動ですから、会社勤務であれ個人業・自由業であれ、一定の成果を上げなければなりません。短期的な目先の成果だけではなく、中長期的にも成果を上げていく必要があります。そう考えると、有益なタスクを効率的に処理していくために、上手に時間を管理しなければならないのは確かです。では、ビジネスという枠組みではなく、人生というもっと大きな枠組みで考えた場合はどうでしょうか。そして、その中で武術の稽古はどのような活動として位置づけられるでしょうか。

人生という大きな枠組みで考えた場合、第1象限に入るのはもちろん、仕事です。仕事は生きていく上で必要ですから、重要かつ緊急です。多くの人がまずもって、この自分の生業を最優先しているのではないかと思います。生きていくために必要ですから、当たり前といえば当たり前です。もちろん、糊口をしのぐための仕事をないがしろにしてまで他の活動に精を出す、という人もまた、しばしば世の中には散見されます。それはそれで、その人の人生選択ですから、どちらが正しい、どちらが良い、ということを言いたいわけではありません（むしろ、そういう人にはある種の羨望を抱きます）。

そして、振り返って見ると、おそらく、重要ではないが緊急性の高い些末なことに、毎日時間を費やしてしまっているのではないでしょうか。人間誰しも几帳面なところがありますから、些細なことでもやっておかないと気持ちが悪いですし、対応しなければ周りにプチ迷惑がかかると思うと、放っておくわけにもいきません。おそらく協調性の高い人ほど、周りに迷惑が掛からないよう、こまめに対応しているのではないかと思います。これはこれで、その人の良いところ（長所）でもあるわけですから、責めるつもりはありません。実際、私自身が、性格的にこういう傾向があると自覚していて、自分で自分にうんざりするときがしばしばあります（つまり、短所なのか長所なのかは文脈や主観によります）。

武術の稽古は、その意味で、少なくとも緊急性は極めて低いでしょう。やらなくても人生に何か大きく悪影響をもたらすものではありません。しかし、取り組み方によっては、人生にとってかけがえのない非常に有意義なものになりますし、振り返って何十年も稽古を続ければ、結果的にそれは人生にとっての重要性が相対的に高かった、ということになります。ですから、武術の稽古は、「第3象限」あるいは「第4象限」ということになるでしょう。そして、ビジネスにおいては「第4象限」の活動は単なる時間の無駄遣いなのかもしれないですが、人生においては本質的に無駄な活動というのはないような気がします。無駄な活動こそが、結果的に新しいアイディアや出会いや気づきにつながることも多々あるでしょう。一見したところ良いものだろうと

悪いものだろうと、あらゆることがその人の糧となり縁となっていると考えれば、無駄なものなど一切ないとも言えます。現代社会に生きる私たちにとって、武術の稽古というのは、そういう類の活動だと思います。

しかし、だからこそ、武術の稽古というのは、先延ばししがちです。繰り返しますが、それは、人生という大きな枠組みにおいて緊急性が低いからです。生きることが目的だとすれば、まずは、重要かつ緊急の仕事をこなし、次に、重要ではないが緊急なことに対応するのが自然です。そうしているうちに、1日が過ぎていきます。これを繰り返せば、やがて1年が過ぎ、気が付けば10年が過ぎていることになるでしょう。つまり、武術の稽古というのはそもそも、(たとえ「ブルース・リーのようになりたい！」と思ってはいても）なかなか始められなかったり、結局、始めようとしなかったりするものだということです。

## 2 言い訳作り

なお、先ほども書きましたように、人間というのは弱いもので、本来すぐにやるべきこと（第1象限のタスク）さえつい先延ばししてしまうことがあります。子どもであれば宿題や試験勉強を先延ばししたり、大人であれば期限のある大事な仕事を先延ばししたりといったことは、誰しも身に覚えのあることだと思います。

そのように、パフォーマンスの出来不出来に影響するほど、やらなければならないことをせずに時間を過ごしてしまう背景の一つに、「セルフハンディキャッピング」という心理があります。セルフハンディキャンピングとは、「課題に取り組むとき自己のイメージが脅かされる結果が予期される場合に、あらかじめ課題遂行を妨げる障害を自分に与えるような行動をとったり、ハンディキャップがあることを主張する行為」を指します（有斐閣心理学辞典）。先延ばしは、このセルフハンディキャッピングの一つと考えられます。つまり、結果としてのパフォーマンスの不

出来の言い訳材料を、そのための準備や作業に十分な時間を費やせなかった状況を自ら作り出すことによって、事前に用意しておく行為だからです。試験の点数や企画書の内容がイマイチなのは、十分に勉強・準備できなかったためだ、と自他にアピールするためです。これは、ある種の自己欺瞞（自分で自分の心を欺くこと）と言えるかもしれません。

ただ、そう考えると、第3象限あるいは第4象限である武術の稽古を、（心の奥ではやりたい、やってみたい、やった方が良いかもと思っていながら）なかなか始めないのもまた、ある種の自己欺瞞かもしれません。

## 3 だんだんと足が遠のいてしまう

それでも一念発起して、稽古を始めたとしましょう。どこかの道場に勇気を出して連絡して、実際に道場まで見学に行き、正式に入門したとしましょう。しかし、せっかく始めたものの、なかなか続かない、そしていつしかやめてしまう（フェードアウトしてしまう）、という人も多いのではないでしょうか。そこには次の3つの理由があるように思います。

**（1）稽古が単調で飽きてしまう**
**（2）上手くなりたいけれど、一方で、稽古は大変で煩わしい**
**（3）頑張ってはいるけれど、なかなか上手くならない**

まず、（1）ですが、武術の稽古の、特に最初のころは、まずは基本動作が中心ですから、思い描いていたような華やかさはほぼありません。無論、続けていれば徐々に技は複雑になっていくものですし、奥の深さに喜びを感じ始めるものですが、得てして入門当初というのは、ひたす

ら単調な技の反復ですので、それに飽きてしまうということはあるでしょう。飽きればやがて、一定のペースで道場へ通う誘因は徐々に下がってくるかもしれません。ただ、良く言われることではありますが、武術の奥義は（いや、広い意味では、あらゆる身体的な運動技能の本質は）基本動作にありますから、実は入門して最初に習う技こそがその流派の奥義だということもしばしばあります。

例えば、空手で言えばどう突くかにその流派のエッセンスが込められているので、正拳突きにこそ奥深い理合が込められています。しかし、そのことに気づくのは稽古を何年も何十年も経て初めてという場合が多いので、入門者にはおそらく、正拳突きの稽古を反復したところで単調に思えてしまい、やがて飽きてしまうことは想像に難くありません。私

杖道の基本動作である３つの打ち方。
初心者のうちは単調に思えがちながら、これこそが面白さであるようにだんだん感じられてくる。

引落打　逆手打　本手打

はここ数年、藤崎興朗先生（剣道範士八段・杖道範士八段）のもとで杖道を稽古していますが、最初に習う本手打・逆手打・引落打こそが杖道の妙であり、面白さであり、深さであり、難しさであることを改めて感じています。

（2）は、心理学で言うところの「接近回避コンフリクト」です。コンフリクト（葛藤）とは、「個人のなかに、相反するあるいは両立しえない態度や衝動、欲求などの情緒的、動機づけ的要因が存在するとき、どの行動をとればよいか選択できない心的状態」のことです（有斐閣心理学辞典）。心理的なコンフリクト（葛藤）には、「接近接近型」と「回避回避型」と「接近回避型」の3種類あると考えられています。「接近接近型」は、複数の目標が同程度に魅力的な場合であり、例えば、同じぐらい魅力的な2社から内定をもらった就活生がどちらの会社にするか選べないといった状況です。「回避回避型」は、複数の目標を同程度に避けたい場合です。例えば、勉強するのは嫌だけれども悪い点を取って落第もしたくないといった状況です。これはジレンマですね。残りの一つが「接近回避型」であり、一つの目標に相反する正負の誘発性（誘因）が存在する葛藤です。武術の稽古をしたい（稽古によって強くなったり、技が上手にできるようになったり、かっこよくなったりしたい、など）という誘因はあるものの、一方で、稽古は疲れるので大変だ、暑い中あるいは寒い中で稽古をすることが辛い、稽古に行くのが煩わしい、ああもう面倒くさいや、

## 心理的コンフリクトの3パターン

**接近接近型**

複数の目標が同程度に魅力的

**回避回避型**

複数の目標を同程度に避けたい

**接近回避型**

1つの目標に相反する正負の誘発性（誘因）が存在する

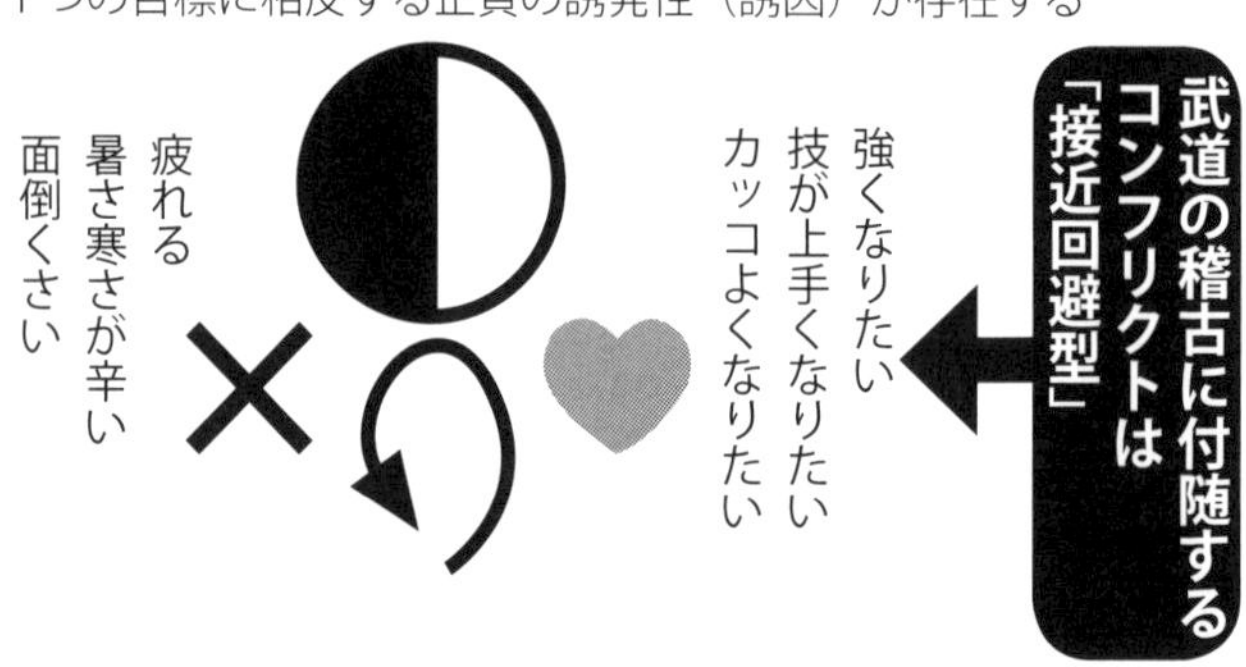

という思いが沸き起こると、行こうか行くまいかのジレンマに陥ります。道場に行く前になるといつも、行こうか行くまいかの天秤にかけることになります。そういう葛藤がいつも強かったり、天秤にかけた結果行かない方が勝ったりすると、やがて道場から足が遠のいてしまうかもしれません。正直に言えば、これは実際、私もときどき感じるコンフリクトです。特に、疲れているときや仕事が立て込んでいるときなどは、どうしようか迷うことがあります。

最後の（3）は、一生懸命やっているけれども、その成果が目に見えて現れない、あるいは、稽古を始めた当初はグンと上達した感じがしたものの、やがて、頭打ちにあったような感じがしてならない、ということです。このように、学習の上達曲線（学習曲線）は常に右肩上がりというわけにはいかず、ときに横ばい（水平）状態が続くことがあります。こうなると、だんだんと稽古がつまらなくなり、やがてやめてしまうということもあるかもしれません。

こうした頭打ち現象を心理学では「プラトー現象」と呼び、「課題の学習時に、進歩が一時的に停滞する現象」と定義されます（有斐閣心理学辞典）。プラトーとは「高原」の意味であり、学習曲線の横ばい（水平）状態を高原になぞらえているということです。ただ、このようにわざわざ定義されているということは、私たちが何かを学習（修得、獲得）するときには、しばしば起こり得る現象だということです。

プラトーが生じる原因としては、疲労の蓄積、課題に対する慣れ、動機づけの低下などが挙げられますが、より大きな学習単位への移行、つまり、運動技能がもう一つ上の段階に行く前の前兆であるとも考えられています。したがって、プラトー現象が起きていることを前向きに考えれば、次なる高みへとレベルが上がる準備状態にあるという風にも捉えることができるということです。

思い切って道場の門をたたいたのは良いけれど、だんだんと足が遠のいてしまうことはありません。そうならないためにも、続けるためのいくつかのヒントを、第5章以降で探っていきましょう。

## 4 失敗や損失を恐れる

始められない心や続かない心に関わるもう一つの心性として、私たちには、「失敗や損失を恐れる心」というものがあります。本章では最後に、この心性について説明します。

通常、最初から失敗したいと思う人間はいません。ただ稀に、失敗することに快感を抱くようなマゾヒスティックなあるいは自虐的な人はいるかもしれないですし、「成功不安（成功恐怖、成功回避動機）」という、「成功を望みつつも、同時に成功への躊躇や恐怖を抱いてしまう内的状態」になることもあります（有斐閣心理学辞典）。したがって、必ずしも常に誰もが失敗を回避しようとしているわけではないですが、常識的に考えれば、それらは例外であって、普通はあえて失敗しようとする人はいないはずです。

つまり、私たちは、自分が失敗することに対して脅威を抱く、ということです。その一つの（ネガティブな）対処法が、前述したセルフハンディキャッピングであって、失敗することを見越して、先に言い訳材料を作っておき、失敗したときの心理的なダメージを和らげようとします。このように、人間は自分が失敗することを嫌うために、失敗することが予想されるならば、元から活動を開始しないことがあります。

例えば、友人関係において、嫌われる（傷つけられる、拒絶される）ことを回避するために最初から他者に声をかけない（あるいはあまり他者に深入りしない）ようにすることを、青年心理学の領域では「ヤマアラシジレンマ」と呼んでいますが（動物のヤマアラシ同士は、自分に鋭いとげがあるから、お互いに傷つけ合わないように近づかない、という比喩。ただし、本物のヤマアラシはそうではないので、単なるイメージ）、これも結局、失敗を見越して行動を開始しないことの一つの現れと言えるでしょう。誰もが常にそうだというわけではありませんが、しかし、私たちの中には、失敗を恐れて行動を開始しない傾向がある、ということです。

失敗を恐れることと合わせて、私たちは、「損失」を恐れる、つまり、損をすることを嫌います。この傾向は「損失回避性（損失回避バイアス）」と呼ばれ、２００２年にノーベル経済学賞を受賞したダニエル・カーネマンらの「プロスペクト理論」の中の重要な要素として指摘されています。人間はつい、利得の喜びよりも損失の悲しみの方を大きく見積もる傾向がある、ということです。例えば、千円というお金の価値を考えてみてください。このとき、千円手に入ったときの気持ちと千円失くしたときの気持ちを想像して比べてみてください。いかがでしょうか？　客観的な価値としては全く同じ千円でも、手に入ったときの喜びよりも、失くした（損した）ときの悲しみの方が大きいのではないでしょうか？　つまり、主観的なインパ

クトという意味では、（個人差はあるものの、多くの人は）損失を被ったときの方が大きいと感じるものです。

このように損をすることの方を恐れるがために、私たちは、合理的な判断が歪むことが知られています。客観的（合理的）に考えれば同じ価値であるにも関わらず、主観的には異なる価値判断をしてしまう、ということです。私たちはとにかく、損をしたくない。得はしたいけれども、それよりもむしろ、損をしたくない。多くの場合、私たちはそういう行動原理で動いています。したがって、失敗するかも損するかもと思っていれば、つい活動が控えめになることは十分に予想されます。

そのように、失敗や損失を厭う心性が過ぎると、いわゆる「回避性パーソナリティ障害」と診断されます。回避性パーソナリティ障害とは、「対人的なかかわりや新しい活動への取組みを強く望みながらも、否定的評価に対する過敏性や自己不全感の強さゆえに社会的場面における顕著な回避傾向を特徴」とします（有斐閣心理学辞典）。批判・非難・拒絶を過度に恐れるために、対人的な接触や社会的な活動が制限されてしまい、生活に支障が出てくるものです。生活に支障が出れば障害と診断されますが、私たちは、たとえ支障が出ないまでも、このような特徴に共感を覚えるはずです。

## 回避性パーソナリティ障害

対人的なかかわりや新しい活動への取り組みを強く望みながらも、否定的評価に対する過敏性や自己不全性の強さゆえに社会的場面における参加を回避しようとする。

## 自己愛性パーソナリティ障害

### 誇大型

誇大な自己像、自己に対する賞賛を過剰に欲求する。他者への共感性に欠ける。

### 過敏型

自己愛傾向は強いが、傷つくことを恐れてあえて他者からの注目を避ける。

こうした心性と似たようなものに、「過敏型自己愛」というものがあります。いわゆる「自己愛(ナルシシズム)」あるいは「自己愛性パーソナリティ障害」とは、誇大な自己像、自己に対する過剰な賞賛欲求、他者への共感性の欠如などが特徴です(有斐閣心理学辞典)。この自己愛には、定義的な意味で(分かりやすい)典型例である「誇大型」とは別に、隠れ自己愛とも呼ばれる「過敏型」と呼ばれるタイプもあることが指摘されています。過敏型自己愛者は、本質的に(心底では)自己愛傾向は高いけれど、傷つくことを恐れてあえて他者からの注目を避けるタイプです。したがって、本当は称賛されたい思いは人一倍強いのですが、実際にそうならない場合を予見

して（失敗や損失を恐れて）、活動を抑制するということです。たとえ自己愛ではないにしても、私たちは、こうした気持ちについて十分に理解可能なのではないでしょうか。

「回避性パーソナリティ障害」や「自己愛性パーソナリティ障害」といった臨床域にまでは行かないとしても、私たちの中には、このように、失敗や損失を恐れる心性というのが備わっている、ということは納得いただけると思います。「うまくできないと恥ずかしい」だとか、「やってもできなさそうだから、やるだけ時間の無駄じゃないか」だとか、失敗や損失を恐れることで、活動を開始することをためらったり、一念発起して始めたのは良いがやがてやめてしまったりするということは、往々にしてあることだと考えられます。

そして、さらに良くないことに、こうして一旦回避するとますますその活動を開始・継続しにくくなることがあります。なぜなら、その回避行動によって、安心や安堵が得られてしまうからです。回避することで（予見していた）失敗や損失を回避することができてしまうからです。つまり、回避することによって相対的に得をしたことになる、ということです。（まだ起きてもいない）失敗や損失を（心の中で勝手に）前提として想定することによって、回避することがそうした失敗や損失を被らないという結果を生むことになります。このように、ネガティブな結果が解消される（そのことで安心や安堵を得る）ことで、その行動の頻度（傾向）が高まることを、条件づけの理論（学習理論）では「強化」と呼んでいます。つまり、回避行動が相対的に報酬（利得）をもたらしている、ということです。これは、いわゆる恐怖症が維持されるメカニズムの一端でもあります。恐怖症も、その恐怖対象を回避することで、結果的に安心・安堵が得られて、延々と回避をし続けることになります。まるでペテンか詭弁のような話ですが、まさに自分の中で勝手に悪い方に歯車が回っているような状態です。

このように、私たちは誰しも、つい失敗や損失を避けようとしてしまう心性が備わっているわけですが、では一体どうすればそうした「損失回避性」傾向に抗って、稽古を始めたり続けたりできるようになるのでしょうか。この後、本書を最後まで読んでいただければ（後半の第5・6・

7章において)、具体的なコツ(ヒント)の数々を詳しく紹介していきますが、根本的な心構えとしてここで一点述べるとすれば、次のことが言えると思います。それは、そもそも武術の稽古というものは、本章冒頭の時間管理のマトリックスのところで説明したように、「緊急性が低い」「重要性が高いか低いか分からない」活動ですから、決して急いで成果を出す必要のない営みなのだ、という点です。つまり、失敗して元々、損して元々、つまり「ダメ元」でも良いのです(詳しくは第6章)。第2章でも述べた通り、まさに武術は徹底的に「積み重ねこそ奥義」ですから、ダメ元だと思って、あるいは、騙されたと思って、淡々と積み重ねてみてはどうでしょうか。黙々と稽古するうちにやがて「3年」経っているころには、あなたの稽古はすでに「鍛」となり、気が

付けば見違えるほど上達しているはずです。そこに至るまでには、あまり失敗や損失のことは考えず棚上げしておいて、つまり、失敗しても元々、損しても元々と思いながら、ただひたすら積み重ねていくことです。その積み重ねの中で、日々の成長を自分なりに感じていければ、そういう小さな成長一つ一つに喜びを感じていくことが、武術の稽古の醍醐味になっていきます（詳しくは第5章）。

さて、次章の第4章では、こうしてなかなか始められなかったり、始めたとしても続けられなかったり、あるいは、始めることや続けることを避けてしまったりする心の、さらに裏側（奥）にある心について、探ってみることにしましょう。そういう私たち自身の弱いところに徹底的に気づくことが、成長への一歩となるはずです。

## ポイント

◎稽古は最初は単調でつまらないようなものにも、次第に面白さが見えるようになってくるもの。

◎稽古を煩わしく思ったり、伸び悩んでると感じたりするのは誰にもに起こる感情。それは得てして大きく成長する前兆。それを心得る。

◎人は誰でも失敗を恐れて踏み出さない心性を持っている。でも成果を焦らず“積み重ね”に主眼を置くなら、「ダメ元」くらいの気持ちでOK！　積み重なった時に何かが起こる。

# 第4章

# 理由、それは結果を手軽に求める心

## 1 では、なぜ始められないのか、なぜ続かないのか

前章では、稽古をなかなか始められない理由、稽古がなかなか続かない理由について考えてみました。そこで出てきたのは、まず、武術の稽古というものは、日々の生活を送る上で緊急性の高い活動とは言えないため、すぐに取り掛からなくても即座に悪影響がもたらされるわけではない、という点です。そうなるとつい、道場に通おうかどうか迷ってしまい、決断を先延ばし（先送り）してしまいます。

また、たとえ入門して稽古を始めたとしても、単調さに飽きてしまったり、なかなか上手くならなくて段々と通うのが煩わしくなったりしてしまうこともあります。そうなると、なんとなく行き辛くなってきて、気づいたら道場から足が遠のいてしまうことになります。

スポーツには、誰でも簡単にすぐ試合（ゲーム）のできるものから、トップにはプロ選手までいる奥の深い高度なものまで、多種多様なものがあります。プロにまでなれば技術的には極めて難しく複雑なレベルに至るとしても、アマチュアならアマチュアとして、それぞれのレベルで楽しく試合（ゲーム）をできるのがスポーツの特徴であり、それが愛好家の多い理由でもあります。

一方で、武術というものは、そうではありません。身体を動かすという点では、一見したところスポーツと似ているように思うかもしれませんが、しかし、本質的にまったく違う営みです。スポーツと武術との最大の相違点は、第一章でも書きましたように、スポーツが試合（ゲーム）のために練習するのに対して、武術は稽古（練習）のために稽古（練習）する、という点です。つまり、武術は、昇級昇段審査や試合（競技大会）を楽しむことが目的ではなく、稽古そのものが目的であるところが、スポーツと違って非常に特殊です。

スポーツなら、試合（ゲーム）に勝ったり負けたりして、「フィードバック（手応え）」があります。フィードバックによってその都度一喜一憂し、快感情（ポジティブ感情）や不快感情（ネガティブ感情）が生じます。楽しかったり悔しかったりして、生活に彩りが生まれます。また勝ちたい、今度こそ負けないぞ、と生活に張りが出てきます。身体を動かすことで、心身の健康増進にもつながるでしょう。身体の調子が良ければ、心の調子も良くなります。このように、フィードバックと心身への効果の即時性（＝「すぐ」分かって、「すぐ」現れること）と明瞭性（＝「はっきり」分かって、「はっきり」現れること）が、スポーツの最大の魅力と言ってもよいでしょう。

もちろん、試合（ゲーム）をしないエクササイズ（ジョギングやウォーキングなど）もあります。こうした身体的活動は、試合（ゲーム）における勝敗という目的性がない分、武術に近いかもしれませんが、その活動が身体的な健康の維持・増進を目的とするためのものだとすると、武術とはまた質的に異なってきます。身体への効果がフィードバックだとすれば、体重や体脂肪率の低下、走行距離や走行速度の増加などは、数字としてはっきり示されるので、非常に分かりやすい客観的な目安となります。数字の変化に私たちは一喜一憂します。これが、エクササイズを継続する誘因になっているはずです（したがって、なかなかそうした効果が得られない運動は、当然、やめてしまう可能性が高いでしょう）。その意味で、こうしたエクササイズも、ゲーム性を備えたスポーツの範疇に入れて良いかもしれません（ただ、運動そのものを楽しむ、ということになると、それは武術と同じになります。この点は、次章の第5章で詳しく説明します）。

スポーツと質的に異なる武術（の稽古）というものは、まさにこのようなフィードバック（手

応え)が得にくいのです。すぐにはっきりとしたフィードバックが得られないということは、一喜一憂するような場面、つまり、興奮・歓喜・落胆するような分かりやすい(ジェットコースターのような)快不快の感情を抱くという機会がほとんどない、ということです。そのため、普段の稽古は結果的に地味で淡々としたものになります。決して華やかではないでしょう。この単調さに飽きてしまう人がいるのは、想像に難くありません。

スポーツでは、試合(ゲーム)の勝ち負けという客観的に誰の目にもはっきりとしたフィードバックが、即座に出ます。つまり、自分が上達しているか、今どのくらいのレベルなのかなどの目安として、どういう相手(チームや人)に勝ったか、あるいは、負けたかで、すぐに分かります。これに対して武術の場合は、自分は上達しているのか、今どのくらいのレベルなのかが、何となくはっきりしません。そのために武術では、級段位制度が導入されています（現代の級段位制度は、明治時代に柔道を創始した加納治五郎が囲碁・将棋を参考にして導入した、と言われています）。ただ、級段位は単なる目安に過ぎず、個々人の技量の高低が級段位に比例するかというと、必ずしもそうとは言えません。初段や二段でも、技術的にはすでに高いレベルの人はいくらでもいます。

なお、武術でも、例えば、学校の部活動のような場合や、オリンピック競技のような場合、自由組手や乱取りや競技大会（で勝つこと）を目的として稽古（練習）をする人が少なからず（いや、むしろ多く?）います。こうした活動はすでにスポーツですので、武術本来の在り方とは違っています。つまり、身体的な活動という点では見かけ上区別がつきにくいですが、スポーツとして取り組むのか（試合が目的）、武術として取り組むのか（稽古が目的）で、質的にはまったく違うものになります。

スポーツも、人生という大きな枠組みの中では、武術と同様に緊急性は低いかもしれません。しかし、武術はスポーツと違って、フィードバックがなかなか得られにくい（得られにくそうな）ために、始めてみようとか続けていこうとか思う誘因がどうしても弱い、ということが言えます。つまり、逆に考えれば、私たち人間というものは、常にフィードバック（手応え）が欲しい生き

## レスポンデント条件づけ（パブロフの犬）

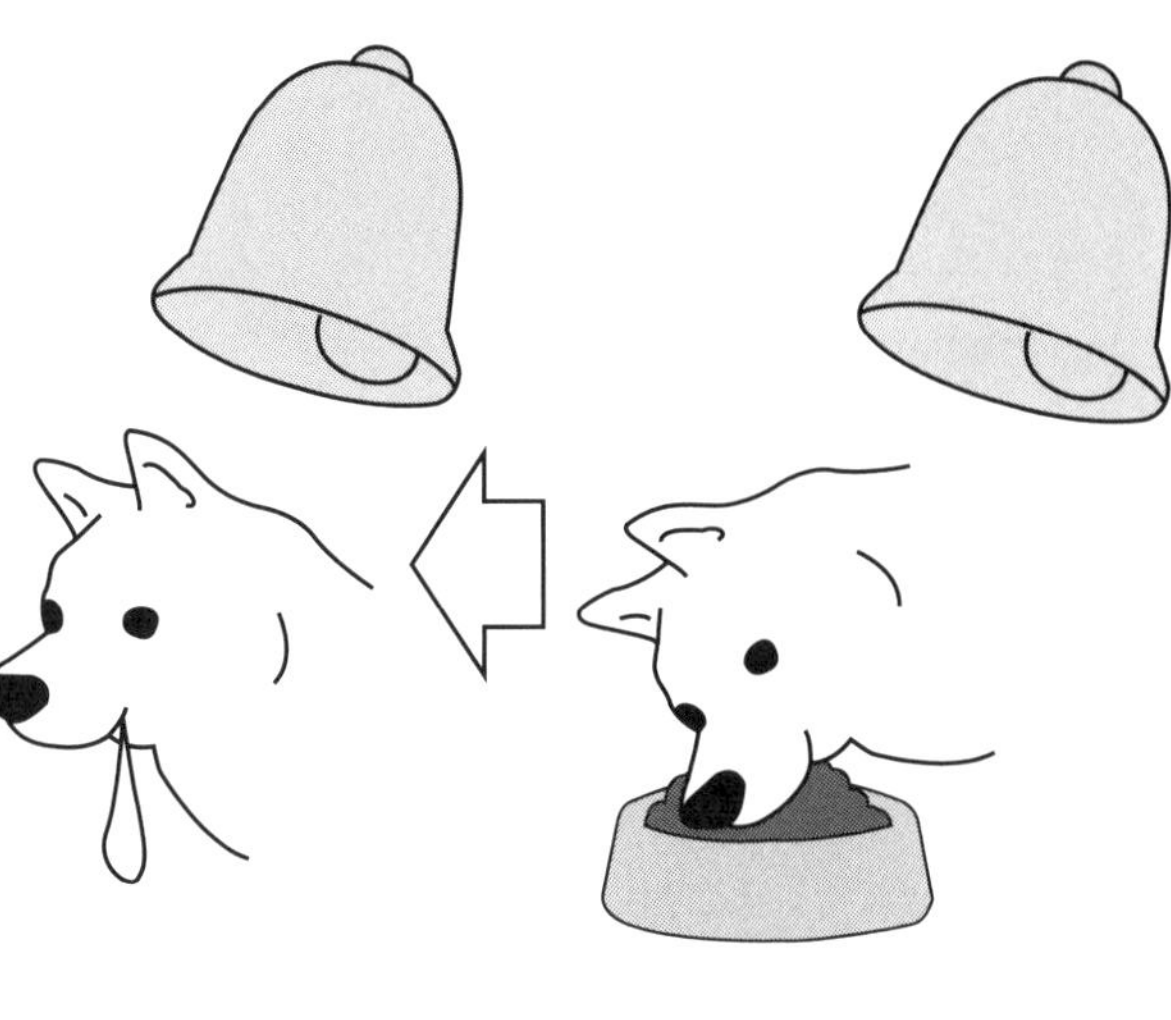

ベルの音と肉を同時に呈示し続けると、やがて犬はベルの音を聞くだけで涎が出るようになる。

物なのです。それも、できれば楽してすぐに欲しいという、厚かましくせっかちな生き物なのです。始められない、続けられない心の裏側（奥）には、私たちのそうした心性が潜んでいます。

## 2 フィードバック（手応え）が欲しい

条件づけの理論（学習理論）には、レスポンデント条件づけ（古典的条件づけ）とオペラント条件づけ（道具的条件づけ）の2種類があります。有名な「パブロフの犬」の話は、前者のレスポンデント条件づけになります。ベルの音と肉を同時に呈示し続けると、やがて犬はベルの音を聞くだけで涎が出るようになる（「ベルの音」そのものは食べられないのに！）、とい

# オペラント条件づけ

吠えたその結果として肉が与えられると、その状況での吠える行動が増える。

う話です。

これに対して、後者のオペラント条件づけとは、ある状況である行動をした結果として報酬が与えられる（あるいは、罰が無くなる）とその状況でのその行動は増え、逆に、罰が与えられる（あるいは、報酬が無くなる）とその状況でのその行動は減る、というメカニズムのことです。つまり、私たち人間は、褒められれば（得をすれば）その行動をますます行いますし、怒られれば（損をすれば）行わなくなるわけです。状況に応じて、した方が良い行動と、逆に、しない方が良い（してはいけない）行動を学習するのです。このメカニズムは、動物も同じです。例えば、イヌやイルカなども人間と同様に、ある合図のもとである行動をすると餌をもらえる、という状況を繰り返すと、そのうちその行動をするようになります。

何が言いたいかと言いますと、私たち人間は（動物も含めて）、何かをするかどうかは、フィードバック（結果）で決まることが多い、ということです。逆に言えば、フィードバックが何もないと、その行動の価値（ポジティブなのかネガティブなのか）が分からないため、行動しない（あるいは、行動していたのにしなくなる）、ということが起こります。つまり、そもそもまだ何もしていないのなら、フィードバックがなければ条件づけのメカニズムは始まらないですし、もし何かしていたのにフィードバックがなければやがてそれをしなくなる（こうした現象を学習理論では「消去」と言います）、ということです。

## 3 承認されたい欲求

このように、人間のごく基本的な行動原理としてもフィードバックは必要だということが分かると思いますが、もっと普段の生活体験に照らせば、私たちは、何かをするときに、人からどう思われているか、すなわち、他者からの評価（フィードバック）をとても重視しています。もっ

と卑近な言い方をすれば、人からどう思われているかがとても気になる、ということです。こうした心配（気がかり）のことを、心理学では「評価懸念」と言います。

なぜ他者からの評価を気にするのでしょうか。それは、私たちが集団で生活を営む種だからです。一個体としては、クマだとかライオンだとかゴリラだとかゾウだとかには全く適いません。生物としての人間という種は、それほど強くありません。しかし、これが集団となると一挙に力を発揮します。同じ目標に向けてチームを組んで、見事に目標を達成します。食料となる大型動物を狩ったり、捕食動物から身を守ったり、木の実を採集したり、田畑を耕したり、領地を守ったり、交易をしたりするために、集団で生きていく技術やルールを構築してきました。そんな中で個人が生きていくためには、社会集団内に留まり、集団の一員として利益を得つつ、一方で、自らも集団の一員として役に立つ必要が出てきます。集団内に留まらなければ、生きていくことが困難になりますから、集団内で認められることは非常に重要です。一個体のみで生きていくほど、人間は強くありません。何百万年という長い年月をかけて、人間はそのような種として進化してきました。

こうした進化的背景の現れとして、私たちには、様々な「欲求」があります。有名なものとして、アメリカの心理学者であるアブラハム・マズローの唱えた「欲求5段階説」という理論がありまます。マズローによれば、人間には、次のような欲求が段階的に備わっていると言われています（なお、この5段階説は、実際はマズロー自身が考えたのではなく、フランク・ゴーブルという人が『第三勢力：マズローの心理学』［産業能率大学出版部］というマズロー理論の解説本の中で、マズローのいくつかの考えをまとめたものであることが、近年指摘されています）。

**（1）生理的欲求**

**（2）安全欲求**

**（3）社会的欲求（所属と愛の欲求）**

## マズローの欲求5段階説

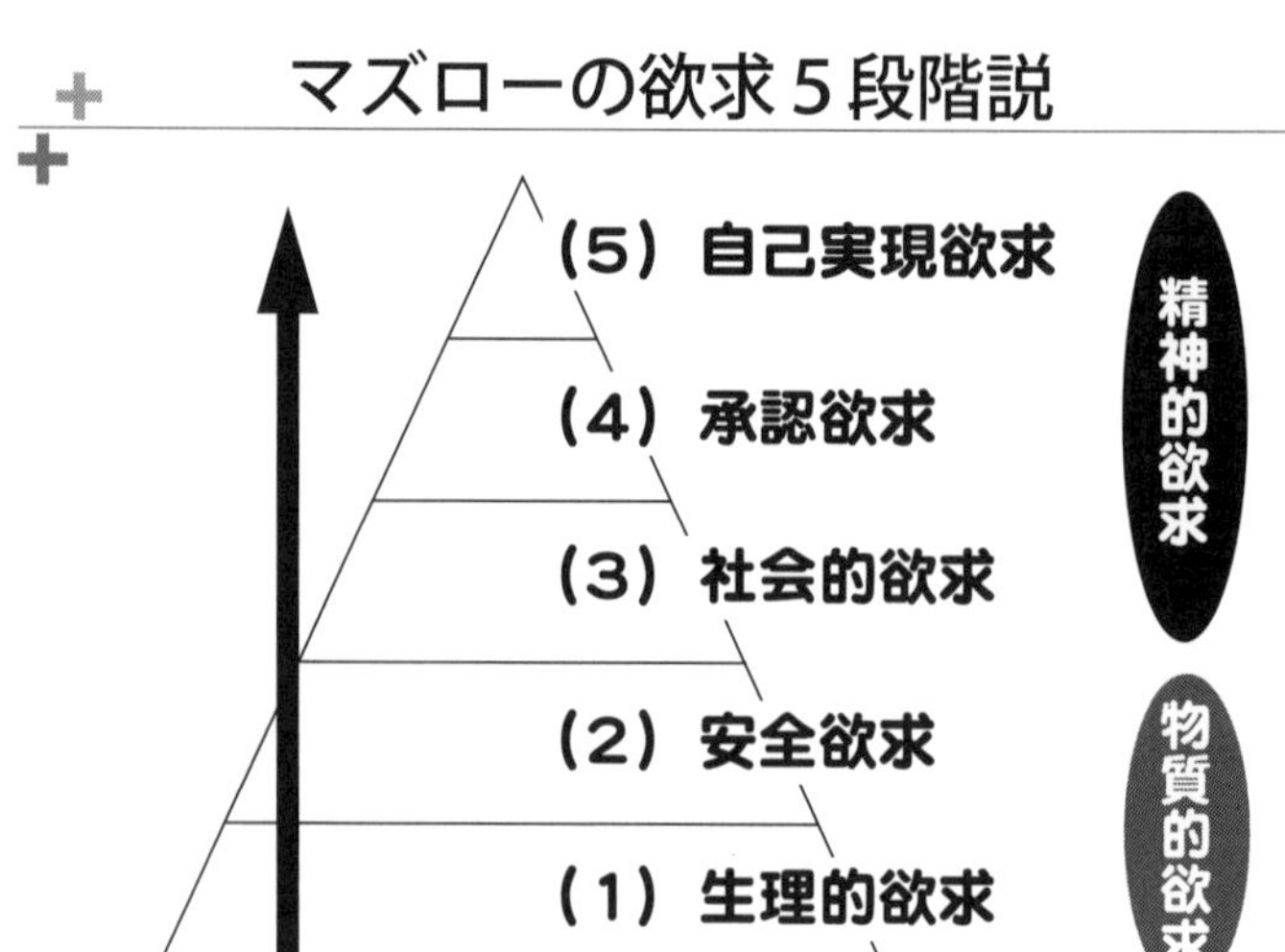


### (4) 承認欲求
### (5) 自己実現欲求

まず、(1)は食欲や睡眠欲など生物としての生理的な欲求であり、次に(2)は生命の安全(危険のない環境など)を確保したいと思う欲求です。この2つは、生きる上での基本的な欲求であり、「物質的欲求」としてまとめられます。(1)と(2)が充足されれば、次に生じるのが、(3)の「社会的欲求(所属と愛の欲求)」です。先に説明した通り、人間は社会的な動物ですから、集団で生きていく必要があります。そんな中で人は、何らかの集団に所属していたいという欲求、あるいは、何らかの集団を作ろうとする欲求が生じます。これが所属欲求です。

こうした所属欲求が満たされると、いよいよ次に、（4）の「承認欲求」が生じてきます。これは、その集団内で自分の価値を認められたい（高く評価されたい、尊重されたい）、という欲求です。単に集団に所属するだけでなく、その集団内で高い地位を得たい、ということです。なぜなら、所属集団内で地位が高ければ、それだけ得るものも大きいからです。得るものが大きくなれば、進化的に見て、生存する確率や子孫を残す確率も高まります。つまり、進化的な適応度が高くなるわけです。このため、私たちは、集団内で自分の価値を認められたいという承認欲求を持ちます。私たちがしばしば、地位や名誉を欲するのはこのためです。

なお、この承認欲求まで満たされると、最後に（5）の「自己実現欲求」が生じます。これは、自分の能力や可能性を最大限に発揮したいという欲求です。武術こそ自分自身の能力や可能性を発揮するものである、すなわち武術こそ自己実現であるという段階にまで、その人の人生における武術の価値や修業レベルが深まれば、稽古する意味もまた大きく違ってきますし、自分の人生にとって武術とは何かの意味もまた、まったく違ってくると思います。ただ、これは私たち人間の究極的な欲求として、ここではこれ以上深入りしません。ここで言いたいことは、一般論として私たちには、所属欲求や承認欲求というものがある、という点です。なお、（1）（2）の「物質的欲求」に対して、この（3）（4）（5）は「精神的欲求」として括られます。

話を戻しますと、私たちには、集団内で他者から認められたい（高く評価されたい）、という承認欲求というものがあります。承認欲求があるということは、裏を返せば、他者からの評価を気にしている、つまり、評価懸念がある、ということです。この承認欲求（裏を返せば評価懸念）こそ、他者や社会からのフィードバックを渇望する心の背景にあります。つまり、人というのは何かをしたら、他者（や社会＝所属集団）がどう思うかということを知りたいのです。端的に言えば、褒められたり尊敬されたりしたいのです（怒られたり蔑まされたりしたいという人は、第3章でも書いたように、ときにはいるかもしれませんが、基本的にはいないと考えて良いでしょう）。このため、高い評価が得られない、さらには、得られないどころか批判されたり非難されたり拒絶されたりする、といった状況を強く嫌います。ポジティブなフィードバックを得られないどころか、ネガティブなフィードバックをもらいそうな状況は、なんとしても避けなければなりません（ただ、ネガティブなフィードバックでも、それはそれで情報的価値がありますから、状況によっては、フィードバックがまったくないよりはマシかもしれません）。

このように私たちの心の基底には、何かをしたら何らかのフィードバック（手応え）として、ポジティブな結果（他者や社会からのポジティブな承認や評価）を得たいと思う気持ちがあります。フィードバックが得られない、それどころか、悪いフィードバックだったらどうしよう。こうした心性が、新しいことを始めようとしたり、始めたことを続けようとしたりする思いを妨げます。

## 4 楽してすぐに、つまり手軽に欲しい

人というのはフィードバック（手応え）を欲する、という心性はお分かりいただけたかと思いますが、人間というのは強欲なもので、そのフィードバックは、できれば、「楽して」しかも「すぐに」欲しい、というのが本音だと思います。

学習理論で言えば、オペラント条件づけにおいて、ある状況である行動をした結果（フィードバック）が一週間後に返ってきたとして、それがその行動の結果だと認識できなければ、条件づけはおそらく成立しないでしょう（ただ、人間の場合は、それがその行動の結果だということを知らせる何らかの別の情報があれば、条件づけされる可能性はあります）。例えば、ある事をして、一週間後に他者から「すごいね！」と言われても、いったい自分の何がすごいのか分からないわけです。同様のことは、レスポンデント条件づけでも言えます。ベルの音と肉を呈示する場合、ベルの音が鳴ってから丸一日経って肉が出てきても、おそらく犬は条件づけされません。ベルの

音と肉が関係ある（ベルの音が肉の出現を意味する情報価を持つ）と認識できないからです。このように、私たちの行動に対するフィードバックが情報として価値を有するには、フィードバックが刺激（状況）や行動と時間的に近いところにないといけない、ということです。

こうしたことから私たちには、何かの行動の結果をすぐに知りたい傾向があります。得てして結果というものが待ち遠しいのはそのためです。この、すぐに結果が出る、ということに対する魅力は、現代社会で色々な場面で見受けられます。そもそも、私たちは一般的に、コストパフォーマンス（費用対効果、コスパ）の高低、あるいは、コストベネフィット比の高低を気にします。私たちは普段、わざわざコストパフォーマンスの低いことをしようとはしません。いわゆるファストフードやファストライフはその典型です。そうしたことに対する社会的なアンチテーゼとしてスローフードやスローライフが提唱されるわけですが、第5章以降の提案の背景にある考え、つまり本書の主張全体も、実際のところ、このスローフードやスローライフに通じるものがあります。

ファストフードやファストライフに典型的に見られるように、私たちはつい、効率性の高さを求めるあまり、特に、時間的な効率性を強く求めがちです。例えば、最近つとに耳にするようになったのが、「時短」「タイパ（タイムパフォーマンス）」です。この傾向の一つの表れが、いわゆる「倍速視聴」です。さらに違法行為でもある「ファスト映画」もその一つでしょう。

コストパフォーマンスの高さを求めるのは、利益を追求するビジネスでは当然必要なことですし、生産業（第一次産業や第二次産業）の世界や、環境に優しい持続可能な社会（SDGs）を考えれば、そこではなるべく無駄を省くという意味で必要なことです。そして、人類全体を見れば、そうした効率性を求める能力こそが、月にも到達する技術的な進歩や高度な文明をもたらしてきたこともまた事実です。新幹線はますます早くなり、コンピュータはますます高速化され、生活上の便利さは日進月歩の勢いで高まっています。

しかし、この効率性を求める生まれついての傾向は諸刃の剣であり、残念なことに、私たちは、ビジネスや生産業でもなんでもない、自分自身の目の前の具体的な生活一つ一つにもことごとく適用しようとしてしまいます。なるべく短い時間で食事の用意をする（とっとと食べて次の仕事をしたい）、できるだけ短い時間で動画を見る（世の中の情報を手っ取り早く知りたい）、とにかく短い時間で映画を観る（粗筋と結末だけ知りたい）、といった具合にです。そうすることで、時間を節約できた、得をした、と考えるわけです。まさに「時は金なり」のメタファーそのままに、時間を節約することがまるでお金を稼ぐかのように語られます。

確かにそうして獲得した時間でもって、何か自分のしたいことに費やすのも時間管理の一つでしょうから、必ずしも悪いことばかりではありません。しかし、ビジネスや生産業ではない自分自身の生(なま)の生活の中で、ゆっくり食事の用意をしてゆっくり食べて、ゆっくり映画を観てじっくり感傷に浸るのも、つまり、コスパの悪い無駄と思える時間を過ごすのも、深くて豊かな人生にとっては必要なことではないでしょうか。

## 5 せっかちになりがち

このように、ついつい結論や効果や答えを早く手に入れたい、それも、楽して手に入れたいと思うのは、私たち人間の性(さが)あるいは業(ごう)と言えるでしょう。これは、時間的展望(長期的展望)に関する認識とも関係しています。例えば、今日5千円もらえるか、あるいは、1年後に1万円もらえるとしたら、みなさんはどちらを選びますか? 価値としては単純に倍の差がありますから、1年待った方が客観的には得な気もしますが、しかし、目の前の5千円の方が良いように思えなくもないのではないでしょうか。このように、現在の方が未来よりも価値があるように思える認知の歪みを、心理学では「現在バイアス」と呼んでいます。つまり、未来のものの価値(遅延された報酬)は割り引いて見積もられ、現在のものの価値の方を大きく認識してしまう、という傾向です。なお、これには個人差があり、この傾向が高い人ほど、せっかち(衝動性が高い)と言えます。

フィードバックはすぐでないと意味がないのは、条件づけのメカニズムからしても言えますし、私たちの心情としてもフィードバックは早い方が良い、ということです。客観的に見てフィードバックが遅れれば遅れるほど行動頻度の増減には影響しなくなりますし、主観的にもそういうフィードバックには価値がないと判断するようになるわけです。何年もかけるのは「時間的なコスト」が掛かり過ぎだと判断されるのでしょう。できるだけコストの掛からない効率的なやり方で、手早く楽に結果を得ようとするのが、私たち人間の基底にある心性ということです。

このように、つい新しいことを始められなかったり、始めても続けられなかったりする私たちの心の底には、できるだけ楽してすぐに、つまり、お手軽にフィードバック（手応え）を得たい、という気持ちが潜んでいることが分かりました。これを人間の浅ましき心と考えるか、優れた特性だと考えるかは人にも状況にも寄ると思います。しかし、少なくとも試合（ゲーム）のような目標を持たない武術という身体的営みにおいては、このような形でフィードバック（手応え）を得ようとすること自体、まったくフィットしない考え方だと言えます。ここまで読んできて、その根本的かつ本質的な事実にはっきりと気づいていただけたでしょうか。

次章からは、武術という営みをどのように行っていけば良いか、どのように稽古したら続けられるかについて、少しずつ考えていきましょう。

ポイント

◎人間が行動するには、フィードバック（手応え）を欲しがってしまうもの。しかも“すぐに”欲しくなってしまうもの。

◎人間には「承認欲求」というものがある。つまり他者から認められたいもの。

◎こういった心性は、時に、新たなことを始めたり続けたりといったことの妨げになっている。

5
Fri

# 第5章

# 稽古をするために稽古をする

# 1 武術の稽古には、分かりやすいフィードバックがない

ここまで、どうして武術の稽古を始められないのか、始めたとしても続けられないのか、その心について探ってきました。その結論としては、楽してすぐに、つまり手軽に結果（フィードバック）を得ようという人間の欲張りな習性から、結果自体が得にくかったり、あるいは、ネガティブな結果を未来に予想したりすると、その活動に取り組むことを躊躇したりやめたりしてしまう、ということでした。

このように人間は、いろいろな可能性を予測してしまう動物なのです。未来をあれこれと予測できてしまうからこそ（本当にそうなるかはともかく）、失敗するのではないか、損するのではないかとネガティブに考えてしまいます。できるだけ効率的に結果を得たい、しかもポジティブな結果を得たい（得をしたい、褒められたい、承認を得たい、高く評価されたい）ので、失敗や損失が予想される行動をできるだけ回避しようとします。

特にこの心理的なメカニズムを、スポーツと武術に当てはめてみると、その差はさらにはっきりしてきます。再三述べているように、スポーツの場合は、試合（ゲーム）というイベントが中

心ですから、常にフィードバックがあります。ポジティブなフィードバック（＝勝利）を得るために練習するという、明確な目的性もあります。一方、これに対して武術は、昇級昇段審査や試合（競技大会）はあるものの、そこでフィードバックを得ることが目的ではなく、それらはあくまで稽古の一環であって、目的は純粋に稽古をすることです。武術は、スポーツのように、他者と競い合って勝ち負けを楽しむことが中心の娯楽的（遊戯的）なアクティビティではありません。稽古をすることそのものが目的という、極めて特殊な営みなのです。

武術は、このように、目に見えて分かりやすいフィードバックがほとんどない活動ですから、第3章と第4章で見てきた人間の心理からすれば、なかなか始められないし、始めても続かないのは、当然といえば当然です。結果を手軽に求めようとする習性からすれば、コスパ重視の現代社会においてこれほど無駄に思える活動はありません。

## 2 それそのものが目的だと、実は楽しい

言葉としては一般的にも使われると思いますが、心理学には「動機づけ（モチベーション）」という概念があります。動機づけとは、「行動を一定の方向に向けて生起させ、持続させる過程や機能の全般」のことを指します（有斐閣心理学辞典）。この動機づけについては、これまで非常に多くの様々な研究がなされていて、なんと、ある大学の学部名（モチベーション行動科学部）にもなっているぐらいです。

動機づけにも様々な種類がありますが、このうち、一つの分類として「外発的動機づけ」と「内発的動機づけ」という分け方があります。前者の外発的動機づけとは、「賞罰など(外的要因)によって行動が動機づけられる……動機づけの要因が人間の外側にあり、賞を求め、罰を避ける手段として活動がなされる」ものです（有斐閣心理学辞典）。一方、後者の内発的動機づけとは、「興味・

## 外発的動機づけ

賞罰など（外的要因）によって行動が動機づけられる。
「勝ったり賞を取ったりするのが嬉しくて卓球をする」など。

## 内発的動機づけ

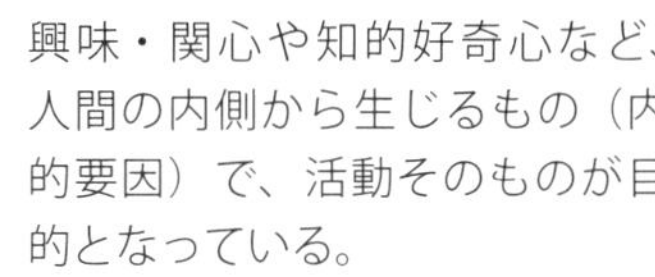

興味・関心や知的好奇心など、人間の内側から生じるもの（内的要因）で、活動そのものが目的となっている。
「卓球すること自体が楽しくて卓球をする」など。

関心や知的好奇心など、人間の内側から生じるもの（内的要因）で、活動そのものが目的となっている」ものです（有斐閣心理学辞典）。つまり、外発的動機づけによって引き起こされている行動というのは、何かのために（何かを得るために）行っている行動であり、一方、内発的動機づけによる行動とは、その行動がしたいために行っている行動、ということです。

分かりやすい例として、魚を釣る、という行動を考えてみましょう。空腹を満たすためや売ってお金に変えるために魚を釣っているのであれば、それは外発的動機づけによる行動となります。その行

動(魚釣り)そのものは別にある目的(食料確保、金銭取得)を達成するための手段である、ということです。一方、空腹を満たしたりお金に変えたりする意図はなく、単に魚を釣るのが好きだから(楽しいから)釣っている(場合によっては釣った魚はリリースする)のであれば、それは内発的動機づけによる行動となります。その行動(魚釣り)そのものが目的(魚釣り)なわけです。もちろん、実際には、職業的に魚を釣っている漁業関係の人も、釣ることそのものに喜びを感じている場合もあれば、釣ることそのものを楽しんでいる釣り人も、釣った魚を食べることを目的の一つにしている場合もあるでしょう。つまり、両者は地続きであって、ここからが外発的でここからが内発的、と明確に分

けられるものではありません。

これらと似た社会学の概念に、「行為や関心の志向、あるいは、それらの基準となる価値の性質を表す対概念」として、「自己充足的（コンサマトリー）」か「道具的（インストルメンタル）」か、という分け方があります（弘文堂現代社会学辞典）。「自己充足的」とは、「それ自体が主体の欲求を充たす行為や関心の志向」を意味し、一方、「道具的」とは、「ある目標を達成するための手段的な志向」を意味します（弘文堂現代社会学辞典）。同じ行為や関心でも、文脈や行為者本人の意図によって、自己充足的にも道具的にもなります。前にエクササイズの例として出したジョギングやウォーキングで考えますと、毎朝一定の距離を走る（歩く）という行為が、健康維持や体力向上のために走っている（歩いている）のであれば道具的ですし、走ること（歩くこと）そのものが心地よい（楽しい）から走っている（歩いている）のであれば自己充足的です。つまり、道具的とは外発的ということであり、自己充足的とは内発的ということになります。

## 3 外発的動機づけによって内発的動機づけが下がる

古典的な心理学の実験で、次のようなものがあります（平凡社最新心理学事典）。まず、お絵

描きが好きな幼稚園児たちに対して、「上手に描けたらご褒美として賞状をあげる」と約束して、実際にそれを与えました。その後、報酬（賞状）を約束しない条件に戻すと、自ら絵を描こうとする動機づけ（内発的動機づけ）が低下してしまいました。また同じように、パズル好きの大学生を対象にして、「うまくできたら報酬として金銭を与える」と約束すると、内発的動機づけが下がることが分かりました。このように、外的な報酬が与えられることで内発的動機づけが下がってしまうという現象があり、心理学ではこれを「アンダーマイニング効果」と呼んでいます。

もともとはその行動そのものが好きで（楽しいと思って）やっていたにも関わらず、その行動に対して外的に報酬が与えられると、その行動はまるでそうした外的な報酬のためにやっているかのように思うようになってしまい、結果的に、内面から生じる自発的なやる気が削がれてしまう、ということです。自己充足的だったのに、道具的になってしまうわけですね。

例えば、もともと「野球小僧」だった少年が、やがてプロ野球選手となり、年俸を上げたり維持したりすることに精を出すようになり、楽しかった野球が苦しいだけの仕事になってしまう、ということもあるでしょう。ときに、オリンピックに出場したようなトップアスリートがその引退会見で、「もともと好きで始めたこのスポーツが、気づいたらメダル獲得のためだけにやっている苦しい練習になっていた。引退した今はホッとしている。今後は初心に帰って、このスポーツの楽しさを子供たちに伝えながら、後進を育てていきたい」などと語るのを聞くと、少し心が痛みます。

もちろん、スポーツ選手や棋士やミュージシャンなど、好きなことがそのまま職業になるというのは誰もが羨む素晴らしいことであり、たとえプロになっても、もともと持っていた喜び（楽しさ）を忘れず、外発的動機づけと内発的動機づけの両方をバランスよく保っている人も多いでしょう。ただ、少なくとも、私たちにとって、その行動そのものが楽しいと思っている行動には、外的な報酬はむしろ妨げになる、ということです。

# 4 言葉による称賛

ただ、厳密には、金銭のような物質的な報酬は妨げになる一方、称賛のような言語的な報酬はむしろ内発的動機づけを高める、という効果もあります。これを「エンハンシング効果」と言います。物質的な報酬だと、自分が外から操られている（やらされている）ような感覚になるのに対して、非物質的（言語的）な報酬の場合、本人の自己決定感（自分で決めている感覚）と有能感（自分はできるという感覚）を高めます。このように内発的動機づけは、自己決定感と有能感が重要だと考えられています。

自己決定感という点で言えば、他者から言われてやることにやる気が出ないのは、勉強でも仕事でも同じでしょう。子どもは親から「宿題をしろ、勉強をしろ」と言われれば言われるほど、やる気（内発的動機づけ）がますます無くなっていきます。大人も同じです。会社や上司からやるように言われたことにはあまり気持ちも乗りませんが、自分で考えた案やプロジェクトには俄然やる気が出ます。したがって、子どもや部下のパフォーマンスを上げるコツは何かという点で言えば、自己決定感を維持しつつ有能感を高めてやることだ、と言えるでしょう。

スポーツは試合（ゲーム）で勝ち負けがあり、勝てば他者から称賛されます。もちろん、優勝などすれば場合によっては賞金や副賞（賞状や品物など）がもらえるかもしれませんが、それを目的にスポーツをしている人（賞金稼ぎ？）はあまりいないでしょう。どちらかと言えば、称賛のような非物質的（言語的）な報酬を期待しているのではないでしょうか。試合（ゲーム）を中心に構成されるスポーツは、勝ち負けという明確なフィードバックによって自分の上達具合やレベルを即座に知ることができると同時に、勝つことによって他者から称賛されるというフィードバックも付いてきます。他者からの称賛（高い評価）は外的な報酬ですが、それによって承認欲求も満たされ、かつ、自己決定感や有能感も高まることで内発的動機づけも高まります。とにかく他者から褒められたい。私たち人間という生物は、他者（同種の他個体）からの称賛を渇望しているという、地球上でもたいへん珍しい種だと言えます（進化的に見て人類にもっとも近い類人猿も、他猿からの称賛を期待しているのかどうかは分かりませんが、少なくとも人類のように高度で複雑な言語的称賛のやりとりはないでしょう）。

武術は、こうした他者からの称賛というものを得る機会がなかなかありません。もちろん、昇級昇段審査や試合（競技大会）はある意味でそういう機会の一つだとも思いますが、年がら年中審査や試合があるわけではなく、また、普段そのために稽古をしているわけではありません。繰

り返しますように、武術は、稽古そのものが主たる目的なのです。つまり、ここまでの流れで言えば、本質的に内発的動機づけによって自己充足的に行う、極めて純粋な営みだということです。

にもかかわらず、「何か」のために武術をしようと思ってしまうと、その「何か」が見つからないために途方に暮れてしまい、一体なぜ自分はこんな面倒で大変な稽古を続けているのか、よく分からなくなってしまい、やがて道場から足が遠のいてしまいます。いくら探しても（探せば探すほど）武術の稽古に外的な目的はないので、安直な外的報酬を期待すれば大概、裏切られます。ただ、非物質的な外的報酬として、日々の稽古の中で言語

的に褒められることは、稽古を続ける大きな誘因になります。得てして教えるのが上手な先生は、褒めるのが上手です。私の杖道の師である藤崎興朗先生は、褒めるのがとても上手い。私も、嘘か本当かはともかく、いつもおだてられて稽古しています。

ただ、世の中は、そのように教えるのが上手い先生ばかりではありません。淡々と稽古をつける先生も大勢おられるわけで、そういう先生がダメだと言っているわけではありません。武術の稽古というのは通常、地味で淡々としているものですから、寡黙だったり厳しかったりするのは珍しいことではありません。そんな中で、武術を始めて続けていくためには、どうすれば良いでしょうか。そのヒントは、やはり、内面から生じる純粋な興味・関心・知的好奇心に基づく内発的動機づけをできるだけ保つ、つまり、自己充足性をできるだけ保つ、ということだと思います。端的に言えば、その行動そのものを楽しむ、ということです。そのためのポイントが、次に紹介する「フロー」と「マインドフルネス」です。

## 5 フローになれ！

「フロー（もしくはフロー体験）」とは、ミハイ・チクセントミハイ（『楽しみの社会学』新思索社）によって提唱された概念で、「行うことが楽しい活動に没入している」状態のことであり、恍惚状態にも似た最適経験のことを指しています（平凡社最新心理学事典、有斐閣心理学辞典）。意識が淀みなく流れていく様子や流れに乗っているような感覚から、「フロー（流れ）」と名づけられています。スポーツなどでは「ゾーンに入る」とも言われます。

チクセントミハイは、ロッククライマー、外科医、チェスプレイヤー、作曲家、画家などへのインタビューから、彼らが金銭や称賛などの外的な報酬とは全く無関係に、岩登りに挑戦したり、難しい手術を行ったり、盤上に時間と労力を捧げたり、音楽や絵画を制作したりすることに注目

し、フローになっているときの心理的な状態やフローが起こりやすい条件について研究を行ってきました。

フローとは、内発的動機づけに基づいた活動に従事しているとき、時間感覚や自己感覚を失うぐらいの高い集中力でもって、まるで活動そのものになったかのように全人的（ホリスティック）に没頭・熱中し、意識が淀みなく流れ、楽しさ（恍惚感や統制感）を感じ続けている、包括的な意識状態です。当人は、純粋にその活動を行うことを目的として、時間と労力を注ぎ込みます。まさしく、自己充足的（コンサマトリー）な活動ということです。このフローに入りやすい条件として、主に次のようなものが挙げられています。

**（1）内発的動機づけに基づいた活動であること（そもそも自発的に行う活動でないとフローにならない）**

**（2）目標が明確でフィードバックが即座に得られること（どこに向かっていくのか、今どうなのかがはっきりしないとフローにならない）**

**（3）挑戦する課題と自分の能力とのバランスが取れていること（難しすぎても簡単すぎてもフローにはならない）**

ここでいう、明確な目標と即時的なフィードバックというのは、金銭的な報酬や他者からの称賛などの外的な誘因のことではありません。その活動がどこに向かっていくものなのか（活動のゴール）と、今の自分の状態がそちらに正しく向かっているかどうか（活動のプロセス）、に関する情報のことです。ロッククライミングであれば、目の前の岩を登りきるという最終的な「目標」に対して、一歩一歩その目標へと着実に向かっている（岩を登っている）という即時的な「フィードバック」（手応え）がある、ということです。チェスや将棋であれば、ゲームに勝つという明

確な「目標」へと、盤上の一手一手が向かっているという「フィードバック」(手応え)を感じられる(かどうか)、ということです。

普段の武術の稽古全体に当てはめて、このフローについて考えてみましょう。内発的動機づけによって開始された稽古は、その日そのときの段階での稽古の目標とフィードバックが適切に与えられ、その日そのときの段階での課題と能力がちょうどよいバランスにあるとき、フローに入る可能性が高い、ということになります。実際、外的な報酬や称賛など一切関係なく、その日そのときの稽古に集中しているとき、時間を忘れて夢中になってやっていることがあるかと思います。そのときの心の中はまさに、楽しさや喜びといった快感情（ポジティブ感情）で満たされている状態でしょう。

誰にでも覚えがあると思いますが、これは小さいころ、日が暮れるまで時間を忘れて友達と遊びに夢中になった、あの状態です。全人的包括的に、その「遊び」そのものとなった状態です。ちなみに、仏教では、このようにそれそのものになる状態を「三昧（さんまい。サンスクリット語でサマーディ）」と呼びます。「○○三昧」という言葉はここから来ています。まさに、稽古三昧、遊び三昧、ということです。

道場の先生が、このような条件をうまく整えてくれればそれに越したことはありません。しかし、大勢の道場生がいる中で、自分だけに指導してくれることはそんなにありません。そこで、フローに入りやすくなる条件を、自ら作っていくことが一つのコツです。（1）の内発的動機づけはもともと持っているとして、（2）の条件としては、その日のそのときの自分の目標（その日は何をするか、どうするか、どうしたら良いか、など）を明確にして、自己の身体を見つめてできるだけフィードバックの情報を自ら積極的に集める（自分の身体感覚を主観的によく観察する、客観的に鏡を見る、先輩後輩に見てもらう、積極的に教えを乞う、など）と良いでしょう。（3）については、その日に到達しようと思う目標を高くし過ぎず、逆に、このぐらいできればいいやとハードルを低くしすぎず、少し頑張る程度のほどほどのところで稽古をするのが良いと思います。

こうした条件を完全にそろえることに固執する必要はもちろんありません。また、無理してフローになろうとする必要もありません。ただ、なんとなくでも良いですから、いつもよりもちょっと明確に、その日のそのときの目標をもって、自分をじっくり観察しながら稽古をすることで、稽古そのものが自己充足的に楽しくなってくるはずです。気づけばフローに入っているかもしれません。そして、いつの間にかその楽しさをまた味わいたいと思い、気が付けば道場にいつも通っているようになるはずです。

## 6 マインドフルになれ！

フローに似た概念に、「マインドフルネス」というものもあります。近年、有名企業が社内研修に用いたり、そのことをメディアが取り上げたりして耳目を集めていますので、ご存じの方も多いでしょう。マインドフルネスは、ストレスの低減や集中力の向上などに効果があるとして、企業や学校などから個人まで、多くの人が取り組んでいるようです。

私は、今から10年ほど前に、『空手と禅』（BABジャパン）という本を書いて、武術稽古はマインドフルネス瞑想である、ということを説きました。その後も、『空手と太極拳でマインドフルネス』（BABジャパン）や『武術瞑想』『禅僧沢庵 不動智神妙録』（いずれも誠信書房）という本で、武術とマインドフルネス（禅）の類似性について書いています。マインドフルネスについて興味のある方、より詳しく知りたい方はぜひ、この辺りも参考にしていただければと思います。マインドフルネスと武術との詳細な関係はこれら拙著に譲るとして、ここでは、稽古をするときのヒントとなるマ

インドフルな態度について説明します。

まず、マインドフルネスとは、「今、この瞬間の体験に意図的に意識を向け、評価せずに、とらわれのない状態で、ただ観ること」と定義されます（日本マインドフルネス学会）。そして、人間には、次の3つの意識状態（モード）があると考えられています（『マインドフルネスの探究』北大路書房）。

**(1) 概念的な統制的処理が支配的な状態（思考している状態）**

**(2) 全体論的直感的な統制的処理が支配的な状態（気づいている状態）**

**(3) 自動的処理が支配的な状態（自動操縦している状態）**

私たちは普段、日々の生活の中で、あれこれと物事を概念的に考えて活動しています。このときは、(1)の「思考している状態」です。何かの目標に向けて情報を収集したり、関連する過去の記憶をたどったり、目標を達成するためにプランニングしたり、問題解決をしたり、価値判断をしたり、意思決定をしたりします。こうした意識状態は別名、「Doingモード」とも呼ばれます。概念を使って何かをしている状態、ということです。動機づけの理論で言えば、外的な報酬へと向かう外発的動機づけに基づいた状態と言えます。道具的な意識状態ということです。

このように意識的に思考している状態でないとき、つまり、ぼんやりしているときには、(3)の状態になります。これは「自動操縦している状態」と呼ばれます。例えば、電車の中でぼんやりと車窓を眺めているときだとか、ぼんやりと風呂に浸かっているときだとか、ぼんやりと車を運転しているときなどです。こういうとき、私たちの心はしばしばさまよいます。過去のことや未来のこと、自分のことや他人のこと、あっちへこっちへと思いが駆け巡ります。これを心理学では「マインドワンダリング（心のさまよい）」と言います。仏教ではこれを「意馬心猿」と呼んでいます。走り回る馬や動き回る猿のように、心が落ち着かない様子を指しています。なお、だいたいマインドワンダリングするときは、ネガティブな内容が多いことも知られています。そして、それがストレスの元になります。

ただ、こうして心がさまよっていながらも、私たちは、特に意識もせず、電車に座っていられますし（突然床に倒れたり椅子からズレ落ちたりすることはありません）、湯船に浸かっていられますし（湯の中にぶくぶくと沈んで溺れることはありません）、目的地まで車を運転していけます（道を間違えることはほとんどありませんし、交通ルールは守っています）。つまり、まるで飛行機の自動操縦（オートパイロット）のように、何かをしながら、それとは別のことに頭が

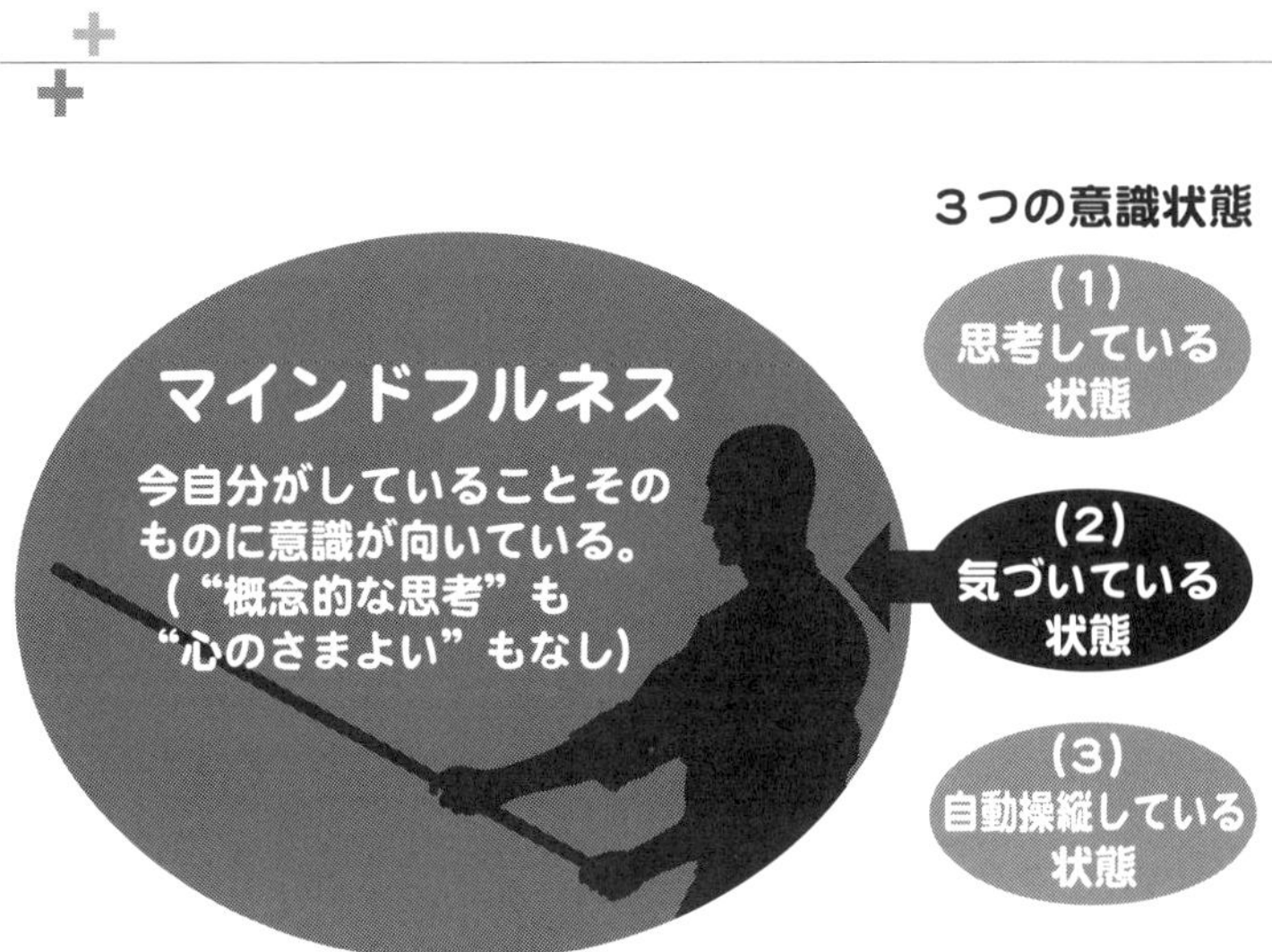


回っている状態ということです。

なお、この自動操縦が可能なのは（例えば、車を運転しながら心がさまよってしまうのは）、第2章で説明した、「知覚運動学習」の3段階モデルにおける自律段階（自動化・無意識化した段階）に至っているためです。つまり、マインドワンダリングは、認知的な負荷が少ないときに起こります。車の運転に慣れてくればくるほど、認知的な負荷は減っていきます。そうなると、運転しながらも、それとは別に心がさまよい始めます。ちなみに、こういうときこそ事故を起こしやすいと言えます。慣れたときが危ないわけです。

このように普段私たちは、何かを意識的

に思考しているか、そうでなければ無意識に自動操縦している中で心が勝手にさまよっているか、のどちらかであることがほとんどです。これらに対して、(2)が「気づいている状態」であり、これこそがマインドフルな状態です。マインドフルな状態とは、概念的に思考している状態でもなく、ぼんやり自動操縦している状態でもなく、自分がいる「今ここ」にありありと気づいた状態で、今自分がしていることを意識している状態です。こうした意識状態は別名、「Being モード」とも呼ばれます。ただ在る状態、ということです。このように、自分がしていることそのものに意識が向いているときというのは、その活動そのもののためにするということ、まさに、内発的動機づけに基づいた状態と言えるでしょう。つまり、自己充足的な状態です。

強くなるためやかっこよくなるためといった大きな目的は心のどこかに持っていても良いですが、ひとまず置いておくことにして、今ここで「稽古をするために稽古をする」のです。内発的動機づけに基づいているものであれば、そこに没入することで、やがてそれはフローとなる可能性があります。

## 7 身体に意識を向ける

マインドフルな状態になるコツとしては、自分自身の身体の状態に意識を向けることです。なぜなら、身体は今ここの現在にしかなく、過去のものでも未来のものでもないからです。概念的な思考は過去にも未来にも飛びます。マインドワンダリングも勝手に過去や未来へ飛びます。マインドフルネスを保つことで、今ここの現在に居続けることができます。そのためには、身体への意識が一つの手がかりとなります。私という存在は身体そのものですから、自身の身体の感覚を研ぎ澄ますことで、今ここに留まることができます。ブルース・リーも次のように言っています。

The past is no more; the future is not yet. Nothing exists except the here and now. Our grand business is not to see what lies dimly at a distance, but to do what lies clearly at hand.
過去はもうないし、未来はまだない。今ここ以外には何もない。我々の最大の仕事は、遠くにぼんやりとあるものを見ることではなく、手元にはっきりとあるものを見ることだ。

武術は、まさに身体的な活動です。呼吸や身体を意識することが稽古で常に求められます。稽古をするために稽古をするわけですから、言うなれば、武術の稽古とは身体に意識を向けることそのものです。したがって、武術の稽古は極めてマインドフルな営みだと言えます。このとき、

今ここの身体の変化に気づくことが大切です。ちょっとした変化の違いに気づくことです。そうした気づきが、稽古の喜びとなります。すぐには、こうした微妙な感覚に気づけるようにはならないかもしれません。しかし、胴体や四肢の位置や向き、筋肉や骨、重心や姿勢、手の平や足の裏などに、注意を向けてみよう、観察してみよう、と思いながら稽古しているうちに、だんだんと意識できるようになってくるはずです。

まずはこのマインドフルネスそのものを訓練する方法もあります。それは、「瞑想」です。例えば毎日の稽古の際に、瞑想を5分でも取り入れれば、身体への意識を向ける感覚や習慣が身に付きます。武術の稽古では、最初と最後に「黙想」をする習慣がありますが、あれが瞑想です。「マインドフルネス瞑想」の具体的な方法は拙著『武術瞑想』（誠信書房）に譲るとして、ごく簡単に説明すれば次の通りになります。すなわち、自分の呼吸に意識を向け続けて、もし意識が呼吸から逸れて別のことを考えていることに気が付いたら、再び呼吸に意識を戻します。これをただひたすら繰り返します。簡単なことに思うかもしれませんが、意識というのは知らぬうちにすぐにさまよいますので（マインドワンダリング）、実践してみたら意外と難しいことが分かると思います。呼吸に意識を向けることに慣れてきたら、次の段階として、身体全体に意識を向けるように練習してみてください。これを続けていくことで、マインドフルネスが養われ、やがて武

術の稽古ともつながってきます。つまり、いよいよ武術の稽古そのものがマインドフルネス瞑想になる、ということです。

フローのところでも書きましたが、外的な報酬のような金銭や称賛といった目標ではなく、その日のそのときの活動目標を立てて、自分自身の身体を観察しながら稽古することは、極めてマインドフルであり、ちょっとした変化にも気づくようになれば、それが喜び（楽しみ）となり、ますます内発的に稽古を続けたくなるはずです。

特にそうした変化というのは、入門したてのころに味わえることがあります。最初に感じた身体的な変化の新鮮な喜びを思い出してください。新しいことを覚えてできるようになった喜びです。これを忘れてはいけません（この点は、「おわりに」でまた触れます）。やがて稽古が進んで、知覚運動学習の3段階モデルにおける自律段階に至ると、今までに稽古してきたことが自動化（無意識化）され、今度は別のレベルや別の側面に認知資源が向けられるようになり、これが新しい変化への気づきにつながります（第2章）。こうなってくると稽古はますます楽しくなってきます。上達が停滞していると感じるプラトー現象は、次のレベルに上昇する合図でもあります（第3章）。微細な身体の変化に意識を向けていくことで、気づかないうちにプラトーは過ぎていきます。こうして、楽しみはますます広がっていきます。

次章では、そのようにじっくりと変化を観察していく稽古について、一緒に考えていきましょう。

◎結果に対して与えられる報酬よりも、それ自体の中に楽しさ、やり甲斐を見出す「内発的動機づけ」こそが長続きするコツ。

◎行うことが楽しいことに没入している「フロー状態」になろう。そのためのコツは、

①内発的動機づけを持つ。

②その時の目標を明確にして、そのためのフィードバックとしての身体感覚をよく自己観察する。

③目標は「少し頑張る」程度のほどほどに設定する。

◎稽古ではマインドフルネス（今この瞬間の体験にとらわれなく集中する状態）になろう。

# 第6章

# 草木を育てるように稽古をする

## 1 庭仕事の喜び

みなさんは、草花や樹木を育てたことはありますか？　小さいころに育てていたという人もいれば、今まさに自宅のベランダや庭で育てているという人もいるかと思います。私の自宅には、ささやかながら小さな庭があり、色々な草木を地植えにしたり鉢植えにしたりしています。庭を持つまでは、草木を育てる園芸などまったく見向きもしませんでした。小さいころや若いころは、こんなものの一体何が面白いのかと、むしろ毛嫌いさえしていました。しかし、最近では、この園芸（庭仕事）が趣味となり、暇さえあれば庭で精を出しています。なぜなら、庭仕事はまさにマインドフルネスだからです。

例えば、木を育てる、ということを考えてみましょう。我が家の庭にも、金柑と金木犀の木が植わっています。どちらも最初は膝の高さぐらいの苗木でしたが、今では高さ3メートルほどになっています。園芸はまったくの素人だった私は、まさかこんなに大きくなるとは思ってもみませんでしたから、壁際の適当なところに植えてしまって、とくに金木犀の方は窮屈に感じているかもしれません。申し訳ない限りです。ですが、季節になると、花のあの独特のとても良い香り

が庭に漂います。あるいは、木ではなく草花でも良いです。我が家の庭の地面には、グランドカバーとして一部にクリーピングタイムを這わせています。これも最初はほんの少しの苗だったのですが、何年か経つうちに、徐々に広がっていき、今ではけっこうな面積を覆っています。これも季節になると、薄紫色の小さな花をいっぱいに咲かせて、とても綺麗です。他にも、ガジュマル、イチジク、ハイビスカス、サボテンの鉢植えもあります。

これらは、苗を園芸店で買ってきたか、あるいは、人からもらったものですが、面白いのは、おそらく鳥が実を食べてフンを落としていったためか、植えてもいない木がいくつか生えていることです。このうち、万両だけは見た目ですぐに正体が分かりましたが、あと3本は、いったい何という名前の木なのか分かりません。これらはいずれも、最初は、ただの雑草と見間違えるような小さな双葉でした。でも、よく見るとちょっと他の草とは違うなと思って、注意深く毎日観察していると、やがて少しずつ伸びていて、他の草よりも段々とたくましくなってきました。これはきっと何かの木に違いないと思い、1本はそのままに、2本は（あまり大きくなり過ぎないよう）鉢に移し替えて、育てています。

何が言いたいかと言いますと、草木を育てるということは、とても時間がかかる、ということです。動物を育てているのと違って、相手は植物ですから、毎日の変化はほとんどまったく感じません。日々、ほんのわずかしか成長しません。しかし、よくよく注意深く観察していると、ほんの少しずつですが、確かに大きくなったり伸びたりしています。そして気が付いたら（毎日見ているから分かっているのですが、改めてまじまじと見てみると）、屋根にも届かんばかりの大きさになっています。庭を覆い尽くさんばかりに広がっています。

ただ単に放っておいても育つものは育ちますが、暑い夏には毎日水をやる必要があります。また、葉を食べてしまう害虫がいたり何かの病気になっていたりするようなら、薬などをまいてケアしてあげなければなりません。動物のように餌を毎日あげたり散歩に出かけたりするほど手間はかかりませんが、しかし、庭というのは放っておくとあっという間に荒れ、せっかくの草木は

台無しになります。つまり、庭仕事というのは、日々少しずつ、ひたすら地道に行い続ける活動だということです。

私にとっての庭仕事は、金銭や称賛といった外的な報酬を得るためにやっているわけではありません。あくまで庭仕事をするために庭仕事をしています。つまり、内発的動機づけに基づく自己充足的な活動であり、庭仕事をしているときは庭仕事をしていることだけに集中しています。まさにマインドフルネスです。このとき、没頭するとあっという間に1〜2時間経ってしまいます。まさにフローです。草と土と水と戯れているうちにやがて庭そのものと一体化し、時間感覚と自己感覚が消失し、楽しさ（喜び、充実感、統制感）に満たされます。これは何も、私だけが主張していることではありません。最近ベストセラーになった本に、精神科医のスー・スチュアート・スミスという人の書いた『庭仕事の神髄』（築地書館）というものがあります。ここで述べられていることはまさに、庭仕事とはマインドフルネスである、ということです。私はこの本を読んで、自分が抱いていた感覚が間違っていなかったことを確信しました。

こうしてマインドフルに庭仕事をしていると、ほんの小さな変化にも気づきやすくなります。庭仕事では、草木を育てるだけでなく、庭全体を整えるために、必要でないと思う草（雑草）を丁寧に抜く必要があります。雑草は、大きくなるまで放っておくと、地上部分はもちろん地下部分には想像以上に根を深く広げますから、そうなってから抜こうと思うとたいへんです。ですから、なるべく早い（小さい）段階で気づくことが大切です（と私は思っています）。つまり、問題は小さいうちに対処するのが良いわけです。実はこれは老子の教えでもあります（第六四章。拙著『老子の兵法』［ＢＡＢジャパン］１４４ページ参照）。マインドフルに注意深く庭を見ていると、小さな雑草の芽や、草木の間にある他とはちょっと違う形や色の草に気づきます。さきほど述べた、鳥が運んできたであろう他とは違う木の双葉も、マインドフルだからこそ気づきます。そして、草木のほんのわずかな変化（成長）にも気づきやすくなります。

## 2 武術は庭仕事と同じ

もうお分かりの通り、武術の稽古も、草木を育てるのとまったく同じです。毎日の変化は微妙ですから、そんなに大きくはありません。しかし、マインドフルに、稽古をするために稽古をすることで、意識（認知資源、注意資源、実行資源）を身体に集中し、その微妙な変化や違いに目を向けていくのです。そうすれば、ちょっとした変化や違いにも気づくようになります。そうした変化や違いへの気づきが、武術稽古の喜びとなります。こうすればこうなる、ああすればああなる、こうしたらこうなった、ああしたらああなったと、稽古をしながら丁寧に自己の身体を観察します。そうすることで、日々の稽古は、新しい気づきと発見の連続になります。

庭仕事では、そうやって長い年月をかけて育てていく過程を楽しみながら観察していると、やがて綺麗な花が咲いたり実を結んだりします。毎日少しずつ世話を積み重ねていくことで、いつしか大きな成長と変化として現れます。武術も同じであり、稽古をする過程を楽しみながら毎日少しずつ積み重ねていくことで、やがて数年経った頃には、武術家として大きな成長と変化をしていることにはたと気づくはずです。

園芸が好きな子供や若者が少ない理由はいくつもあるかと思いますが、一つ思うのは、フィードバックが即座に得られないからではないでしょうか。草木を育てるには、とにかく時間が掛かります。仮に、実を付けること（さらにその実を食べること）を目標とすると、木がそこまで大きくなって実を結ぶまで、相当な時間が掛かります。毎日少しずつ水をやり続けるのも、段々と億劫になってきます。フィードバックがすぐに得られないので、やがて飽きてしまいます。これでは、なかなか始めようと思わないですし、始めても続けられないでしょう。草花でも同じです。芽が出たとしても、そんなにすぐには花まで咲きません（ただ、朝顔は成長が早いので、小学生が夏休みに取り組む課題に今でも使われていますね）。特に草花の場合は、水やりを怠ると、すぐに枯れてしまいます。そういう意味では、樹木よりも世話がかかるかもしれません。鉢植えであればなおさらです。毎日、根気よく、地道に水をやる。地味な作業ですが、毎日毎日、積み重ねなければなりません。子供や若者にとっては、草木をいじるよりも、もっと素早く確実にフィードバックが返ってくるゲームやスマホをいじっている方が良いのでしょう。その方が、手軽に楽しさを得られるからです。

このように、武術稽古は庭仕事と同じです。稽古も庭仕事も、時間をかけてじっくりゆっくり行うべきものです。分かりやすいフィードバックが即座に手軽に手に入るようなことはありません。そうではなく、稽古の際の身体的な変化や違いにこそマインドフルに気づいていくことが、稽古することの純粋な喜びとなります。前回の稽古のときと今回の稽古のときの違い、稽古を始めたときと終わったときの違い、そうした微細な身体的変化の違いに気づいていくことが、稽古をすることの楽しみです。

## 3 毎日少しずつ稽古する

したがって、武術の稽古は、稽古と稽古との間をあまり置かない方が良いと言えます。しかし、3時間も4時間もやる稽古を毎日することは、身体的にも負荷が高いですし、そもそも、プロでもない限り、日常生活に支障を来します。ですから、道場での長い稽古は週に1〜2回だとして、毎日10分でも20分でも簡単に（軽く）自主稽古をすることが、上達のコツになります。このように毎日少しずつの稽古を積み重ねていくことこそが、「武術脳」もしくは「武術的身体」を常態化することになり（第2章）、結果的に、上達への近道となるのです。このように毎日少しずつ稽古を積み重ねる利点について、ここでは、マインドフルネスの観点から説明したいと思います。

ここまで述べてきたように、武術とはマインドフルに身体感覚に注意を向ける営みです。だとす

ると、日々の稽古の変化に気づきやすくするためには、忘れないうちに次の稽古をした方が良い、ということになります。誰でも2〜3日すると記憶は普通、薄れます。しかし、毎日10分でも20分でも自主稽古をすることで、感覚が薄れずに残ります。そうして残しておいた感覚で、週に1〜2回ある道場での稽古をしてみると、前回の稽古と今回の稽古が感覚的につながります。身体的な感覚が消えずにつながるために、前回の稽古と今回の稽古における身体的な変化や違いに気づきやすくなる、ということです。

　なかなか上達しないという人はおそらく、週に1〜2回の道場の稽古「だけ」をしている人です。もちろん、それだけでもそれなりに上達しますし、勘の良い人（センスのある人）は十分に上達します。

しかし大抵それだけでは、前回の稽古の時の感覚を忘れてしまって、毎回毎回、感覚を探し直すところから始めることになってしまいます。つまり、前の稽古でせっかく感覚をつかんだのに、間を置いてしまうと、次の稽古に来るころにはほとんど前の状態にまた感覚が戻ってしまっている（感覚を忘れてしまっている）のです。

それはまるで、なかなか前に進めない双六のようです。、せっかく数マス進んだのに罰で数マスを戻ってからまた進む、というのを延々と繰り返しているかのようです。仮に1マス進んでも1マス戻ってしまったら、永久にそのマスに居続けることになってしまいます。これでは一向に上達しません。これに対して、おそらく上達する人というのは（勘の良い人であれば別ですが）、毎日何らかの形で自主稽古をしているはずです。そうやって、稽古と稽古との間をつないでいるはずです。

また、この身体的な変化や違いへの気づきが武術稽古の喜びになるわけですから、その喜びを増すためにも、毎日少しでも稽古をすることがポイントになってきます。喜び（楽しみ）があれば、次もまた稽古をしたいという気持ちになります。喜びを得るために、稽古を続けたくなります。したがって、ほんの少しでも良いですから、軽い稽古を毎日積み重ねることが、ジワリと効いてくるコツとなります。

このとき、ポイントは、毎日ほんの少し（軽く）稽古をするということであって、決して本腰を入れて毎日ガッツリ稽古をしてはいけません。毎日続けられるぐらいの、軽い運動だと思ってください。例えば、朝食の前など、時間を決めて20分だけ身体を動かすようにします。毎朝の軽いウォーキングぐらいに考えれば良いでしょう。道場での1〜2時間の長い稽古の内容を10〜20分ですべておさらいすることは、当然ながら不可能です。ですから、この毎日の自主稽古は、エッセンスだけに絞ります。例えば、道場での前回の稽古のときに気になったところを反復する

だけでも良いでしょう。それは、そのときに気が付いた身体的な課題ですから、その課題を解決することがその日のそのときの目標であったのならば、その復習と予習を兼ねて、軽く身体を動かして確認したり研究したりするわけです。あるいは、基本技だけを稽古するのも良いでしょう。前にも書きましたが、基本技こそが奥義であることが多いので、その技の奥深さを探究する時間としても良いでしょう。とにかく、毎日の自主稽古は、重く行ってはいけません。習ったことを全部やろうとしてはいけません。あくまで、軽く行うことがコツです。

さて本章の最後に、草木を育てるように毎日少しずつコツコツ稽古するためのコツとして、もう一つだけ例え話をしておきます。それは、「投資」です。

## 4 投資するつもりで稽古する

「投資」とは、「利益を得る目的で、事業・不動産・証券などに資金を投下すること。転じて、その将来を見込んで金銭や力をつぎ込むこと」とあります(デジタル大辞泉)。種を蒔き、水をやり、時間をかけてケアすることで、やがて大きな木になり、たわわに実を付ける。これこそまさに投資です。投資ですから、今すぐ何かフィードバック（見返り）が手軽に入るわけではありません。

今やっている行為や活動そのものには、分かりやすいフィードバックは付いてきません。今は時間をかけてじっくりと注意深くケアをして待ち続けます。そうすればやがて、大きな目標を達成できます。いや、厳密に言えば、できるかどうかは分かりません。できないかもしれませんが、いつかできるだろうと思って、今ここに時間と労力を注ぎ込みます。それが投資です。ただ、株式や不動産などと違って、自己の身体への投資ですから、元本は保証されていると言って良いでしょうし（稽古によって怪我をしたり体を壊してしまったりしたら別ですが）、少なくとも運動不足の解消になるとすれば健康維持にはプラスに働いている

でしょうから、元は取れます。

繰り返しますように、武術は、スポーツと違って、分かりやすいフィードバックはありません。そこで、なかなか始められない、始めてもなかなか続かないという人は、日々の稽古をひとまず「投資」と考えてみてはどうでしょうか。投資した結果、期待したような成果が得られないかもしれません。そうなると、時間と労力を無駄遣いした、つまり、損をした、と思う人もいるでしょう。第3章でも書きましたように、人には損失を回避しようとする傾向があります。ですから投資を躊躇する人がいても不思議ではありません。ただ、武術の稽古によって、莫大な金銭的損失をするわけではありません。運動することによる心身の健康への効果は、少なからずあるでしょうから、決してマイナスではありません。ただ、日々の稽古が単調だったり、成長を感じられなかったりすることもあります。そこで、今すぐには分かりやすいフィードバック（見返り）はないけれども、とりあえず、未来への「投資」だと思って続けてみるわけです。

第1章に書きましたように、まずは「3年」投資してみてはどうでしょうか。3年間はこれといった明確なフィードバック（手応え）もなく、日々の稽古でも、身体的な変化や違いもイマイチよく分からないかもしれません。ただ、武蔵も言うように、3年もやれば、それは「鍛」なのです。自分への水まきを3年間、投資だと思ってしてみるのです。強さやかっこよさを求める大きな気持ちを心のどこかに抱きつつも、目先の外的な報酬は期待せずに、ただひたすら身体的な変化や違いへの気づきから生まれる喜びを楽しみにして、日々の稽古を積み重ねていきます。すると、自分でも気が付かないうちに、あなたの技はすでに大きな木となっているでしょう。継続は力なり、継続こそ力なり、とはそういうことです。

これを他に例えるなら、武術の稽古とは、東洋医学の漢方薬のようなものです。抗生物質などの西洋医学的な薬が症状に対してピンポイントですぐに効く薬だとして、東洋の漢方薬というのは、じっくりゆっくり効いてきます。継続して飲み続けることによって、やがて、気が付いたら症状が消えていき、体調が回復してきます。もちろん、飲んだらすぐに効果が現れる漢方薬もありますし、予防的に毎日飲み続ける西洋医学的な薬もあります。ただ、漢方薬も武術も同じ東洋由来である点を考えると、私たち東洋人の世界観・時間観というのは、もっとじっくりゆっくりした悠大なもの（まさにスローライフ）であって、決して西洋文化的な資本主義的効率性（コスパ重視、ファストライフ）とは相容れないのではないかと感じます。投資は資本主義的な経済活動の一つかもしれませんが、比喩的な意味で「投資する」ということ自体は、長期的展望のもとで時間と労力を注ぎ込むための、一つのヒントとなるのではないでしょうか。

## 5 いまさらやめられない

投資の比喩を使ったのには、もう一つ別の理由もあります。私たちは、ある事に時間や労力や資金を注げば注ぐほど、ますますその事を中止しにくくなります。なぜなら、中止してしまえば、それまで掛けてきたコストがすべて台無しになってしまうからです。今までつぎ込んできたものが無駄になってしまうからです。そのため、たとえ損失が目に見えていても、投資を継続してしまう傾向があります。

これは、ブリティッシュ・エアウェイズとエール・フランスが共同で開発した、あの特徴的な形をした超音速旅客機「コンコルド」の事業を、採算性が悪いと分かっていながらなかなかやめられなかったことから、「コンコルド効果」と言われています（コンコルドの運用は１９７６年～２００３年）。心理学では別名、「サンクコスト効果」とも呼ばれています。私は１９７１年生まれなので、ちょうど物心ついたころに就航したあの主翼が三角形の美しいフォルムは、まるでウルトラ警備隊に出てくる戦闘機（ウルトラホーク）のようで、子ども心に強いインパクトが残っています。しかし、あの特徴的な（ある意味、無駄な）フォルムは採算が悪いだろうことは、大人になった今思えば、なんとなく分かります。ですが、莫大な資金を投入して開発したために、結局、２００３年まで運用を続けることになってしまいました。

　話を稽古に戻しますと、つまり、道場に通い続けて数週間、数か月間と経つうちに、それまでにかけた時間と労力のことを思えば、人間はなかなかそれをやめられなくなる、ということです。やればやるほど、ますます続けざるを得なくなります。そうして数年経てば、コンコルド効果はますます効いてきます。それが例えば、武蔵の「鍛」に相当する3年となれば、相当な時間的精神的経済的コストを投下してきたことになります。そして、せっかく今まで3年もの間やってきたのだから、今いきなりやめてしまうのはさすがにもったいない、と思うのが私たちの心情ではないでしょうか。するとそこからは、気づいたら10年20年とあっという間に経ってしまうかもしれません。だからこそ、まずは千日をもって「鍛」とすると言っているのではないかとさえ、思えてきます。

コンコルド効果（サンクコスト効果）は、本来、喜ばしいことではないかもしれません。採算が悪いと分かっている事業に投資し続けてしまう、私たちの未練がましい心を表しているからです。本当ならば、効率性を考えて、採算の合わない事業は即座に中止するという賢明な決断を下すべきところ、ズルズルといつまでも投資を続けてしまって、自分で自分の首を絞めていることになるからです。ただ、これは、ビジネスの世界ではその通りなのですが、武術の稽古の場合は必ずしもそうとは限りません。というのも、第3章でも書いたように、人生において武術というものは、緊急性は低いものの、重要性が高いのか低いのかは、はっきりしないからです。重要かもしれないし重要でないかもしれない。また、たとえ重要でなくとも、一見無駄に思える活動にコストをかけることが、長い人生の中の思わぬところでプラスに働くこともあります。あるいは、無意識のうちに創造的なアイディアや問題解決へとつながっているかもしれません。

人生において、何がどこで効いてくるかは分かりませんから、ビジネス的な効率性の観点からすればまったく無駄なものこそ、実は人生にとって意味があることも多々あります。仏教的な観点からすれば、私たちは、様々な「縁」の積み重ねで今があります。縁という意味では、良いことも悪いことも含めて、すべてのありとあらゆるものが縁となります。その縁の積み重ねが、今の私を形作っています。

次章では、こうして草木を育てるように少しずつ稽古を積み重ねていくためのコツとして、最後に、「頑張らない稽古」ということを説いてみたいと思います。

◎武術の稽古は草木を育てるようなもの。一日一日の変化は少ないが、少しずつ世話を積み重ねていくことで、気づくと大きな成長を遂げている。

◎マインドフルに庭仕事に没頭するごとくに稽古を。するとほんの小さな変化にも気づきやすくなる。

◎稽古は長い時間を週に数回行うよりも、短い時間を毎日行った方が上達につながりやすい。これが「また稽古したい」という欲求を呼ぶ。

◎稽古をひとまず「未来への投資」と思ってみるのも長続きするコツ。

# 第7章

# 頑張らない稽古のススメ

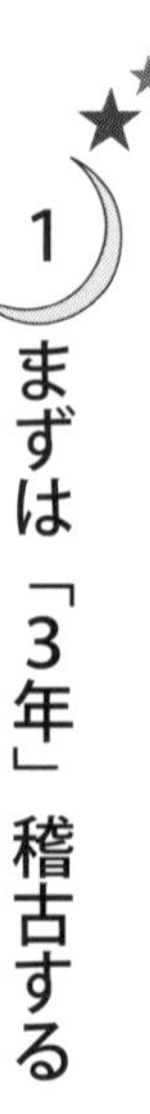

# 1 まずは「3年」稽古する

第2章に続けて前章でも、毎日少しずつ、10分でも20分でも良いから自主稽古をするのがコツ（奥義）だと書きました。そうやって「武術脳」あるいは「武術的身体」を常態化することで、自分の身体への感覚が時間的に地続きとなってつながり、身体感覚の変化や違いという成長をマインドフルに感じて、普段の稽古がますます楽しくなります。楽しくなれば続きますから、結果的に、上達への近道となります。それなりの使い手になるためには、武蔵の言う「鍊」のように、少なくとも30年は掛かるでしょうし、仮に30年積み重ねたとしても、達人への道はもっともっとはるか上まで続いているでしょうから、結局、稽古は死ぬまで続く終わりのない営みとなります。

ただ、まずは目標として「3年」続けることを目指してみる、せっかく始めたのならとにかく3年間はカンフー（功夫）を積んでみると良いのではないかと思います。3年育てれば、武術の木もそれなりに大きく育っているはずですし、もはや3年も費やしてきたのだから、いまさらやめるのももったいないでしょう。

最後に本章では、とりあえず、この3年を目標に続けるためのコツを、いくつか紹介します。

コツのミソは、「頑張らない」ことです。

## 2 稽古はほどほどにやる

武術の稽古は厳しいという印象があると思います。実際、ダラダラヘラヘラとやっている道場はないでしょう。あるとすれば、それはおそらく武術の道場ではなく、武術モドキの演劇サークルかコスプレサークルかもしれません。というのも、武術とは素手や武器でもって他者を制圧する技術の練習ですから、気を抜いたり適当にやったりすると怪我をする可能性があるからです。きりっとした雰囲気作りは、武術の稽古に欠かせません。こうした点も、娯楽（遊戯）として行っているアマチュアのスポーツやエクササイズの同好会・クラブ・サークルのような、ほのぼのとリラックスした雰囲気とはだいぶ異なります（もちろん、稽古の前後や合間は、武術とて、ほのぼのとリラックスしています）。

例えば、通っているところがたいへん厳しい道場で、毎週3〜4回、毎回3〜4時間も稽古をするようなところは、かなりハイレベルで本格的な道場だと思います。週に3回も、しかも毎回3時間も行うのは、アマチュアの愛好家レベルを超えています。本書の読者として想定しているのは、そうした「セミプロ」の方たちではなく、週に1〜2回、毎回1〜2時間ぐらいを目途に道場に通って稽古をしている一般の武術愛好家です。

このように、長い稽古でもせいぜい2時間弱だとして、このとき、「やりきってしまう」ぐらい稽古をするのはあまりよくありません。稽古は、ほどほどなところでやめておくのがコツです。もちろん、厳しい雰囲気の中でしっかり気を入れて稽古をしますから、気を抜いたり手を抜いたりするわけではありませんが、心理的な一つの目安として、「もうちょっとやりたい」と思えるぐらいで稽古を終えるのが実は理想的です。先生の指示にしたがって稽古をする場合はなかなか思う通りにいかないかもしれませんが、ある程度の自由度があるならば、自分で調整しながら、8〜9割ぐらいでやめておくのが良いと思います。その点で言えば、1〜2時間ぐらいの稽古時間というのは、稽古内容にもよりますが、まずまずほどよい時間量ではないかと思います。

もちろん、これには理由があります。それは、1～2割ぐらい「もう少しやりたい」気持ちを残しておくことで、次回の稽古に足が向きやすくなるからです。ちょっとだけ残しておくことで、心の中でやる気（動機づけ、モチベーション）が続いて、その残りの分を回収したくて、再び道場に行きたくなるからです。

このように、やり残したことが気になるという現象を、心理学では、「ツァイガルニク効果」と言います。ツァイガルニク効果とは、「目標が達成される前の段階で作業が中断された課題（未完了課題）の方が、目標が達成されるまで作業が続けられた課題（完了課題）よりも確実に記憶に残る」という現象です（有斐閣心理学辞典）。これは、「課題が未完了のまま中断されると、目標に向かって進められていた作業への緊張が解消されないために想起されやすくなる」ためであり、「完了された課題の場合は、緊張が解消されるので記憶に残らない」と説明されます（有斐閣心理学辞典）。普段の生活でも、やり残している仕事や宿題は、気になりますよね。それがツァイガルニク効果です。

稽古も同様に、「やりきってしまう（完了してしまう）」と緊張が解消されてすっかり忘れてしまいます（気持ちとして、一旦終わってしまいます）。しかし、「もうちょっとやりたい（まだ完了していない）」ところで中断すると緊張が続くために心の中に残りやすくなります。そうして

# ツァイガルニク効果

課題を完了してしまって終えるよりも、未完了の状態で中断する方が、記憶に残りやすい。

これを利用して、「もうちょっとやりたい」くらいで稽古をやめておくと、次につながりやすい。

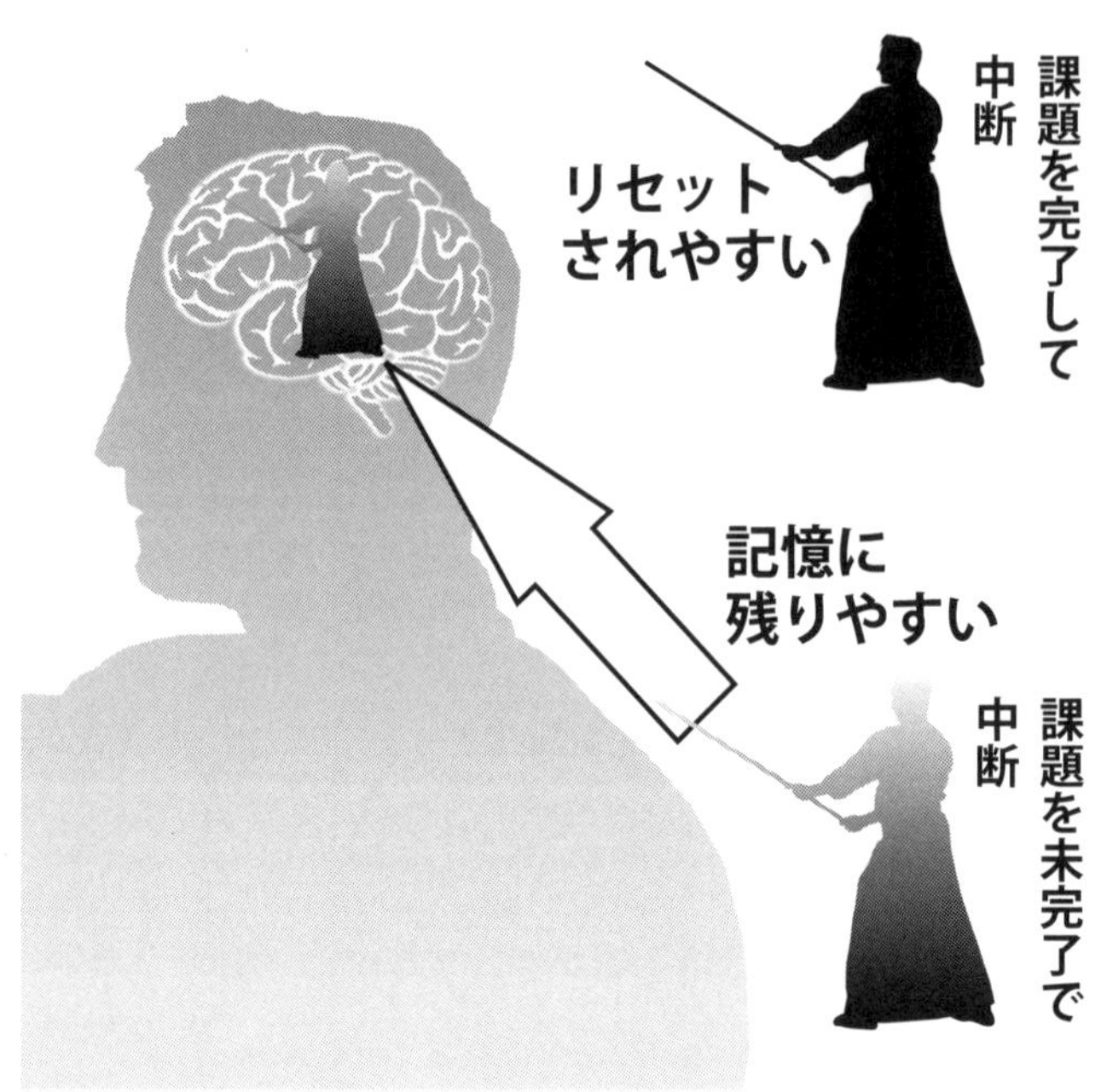

心に残っているものを自宅に持ち帰り、毎日20分の自主稽古でちょっとずつ確認しながら身体感覚を忘れないようにつなぎとめ、次の稽古で回収しにいくわけです。このように、ツァイガルニク効果を利用して、「もうちょっとやりたい」ところでやめておくのが、稽古のコツです。稽古というのはこうして、ほどほどにやる方が、つまり、頑張り切らない方が、良いのです。

## 3 比べるのはやめる

次に、稽古では、他の道場生と自分を比べないことがコツです。第4章でも書きましたように、私たちは他者からの評価を非常に気にします（評価懸念）。評価とはすなわち、モノサシ上の優劣です。このときの優劣とは何でしょうか。それはすなわち、他者と自分との相対的な位置づけのことです。このときの他者は抽象的な他者一般の場合もあれば、目の前の具体的な他者の場合もありますが、いずれにせよ、私たちはつい、他者と自分とを比較してしまいます。つい、「自分は普通より下手だ」「あの人よりは上手い」「この人の方が下手だ」と感じてしまいます。

もし仮に、「自分の方が上手い」と常に思っていられるとするならば、それはずいぶんおめでたいことですし、そもそも、もし本当に自分が一番上手いのならもはやその道場に通う意味もな

いでしょう(先生を超えるようなら、自分で道場を開いた方が良いかもしれません)。もちろん、私たちには承認欲求というものがありますから、「上手ですね」と先生や他者から褒められるということは、内発動機づけを高める外的報酬として機能します。これは良いことです。しかし、褒められることを目的に、他者との比較をすることにばかり心が奪われてしまうと、他者より上手いか下手かが目標になってしまい、自分の身体感覚への意識が二の次になってしまいます。

武術の稽古の醍醐味（楽しさ、喜

び）は、身体の変化や違いに気づいていくことです。そうすることで次第に技が深まり、違う次元や相での変化や違いに気づくようになっていくことです。つまり、純粋にその活動そのものに没頭することです。稽古をするために稽古をすることです。これが、他者より上手いとか下手だとかが基準や目標となってしまっては、あまりにも狭い世界のみでの営みとなってしまいます。そして、得てして稽古をしていて感じるのは、なかなかうまく行かない自分だったり、他者よりも下手な自分だったりします。こうなると、稽古をしているうちに、だんだんとつまらなくなってきます。つまり、他者との比較は大体において、不快感情（ネガティブ感情）をもたらすだけだということです。これでは稽古が面白いはずがありません。

ただし、他者を参考にすることは重要です。これは、いわゆる「見取り稽古」です。他者の技を見て、また、他者が先生からもらっている指導を聞いて、自分の稽古に取り入れるのです。「人の振り見て我が振り直せ」と言われるように、自分の身体感覚へのフィードバックの情報は、いろいろなところから取り入れるべきです（第5章）。他者を見るというのは決して、見比べて優劣を確認するためのものではありません。あくまで、自分自身へのフィードバックの一つとして、他者を参考にするのです。

もう一つの比較は、「理想自己」との比較です。大きな目標として、「強い自分」や「かっこい

い自分」を遠くに思い描いてもよいでしょう。でも、普段の稽古のときは、それはいったん心の中のどこかに置いておくべきです。稽古を始めたきっかけとして、武術の達人のように強くなりたい、武士のように凛としたかっこよさを身に付けたい、と思ったその初志はとても大切です。でも、その初志は、それこそ大切にしまっておいて、日々の稽古に取り組むことです。なぜなら、稽古は草木を育てるようなものなので、なかなかすぐにはそのような「理想自己」には到達しないからです。今稽古している現実の自分、すなわち、「現実自己」は普通、「理想自己」とは一致しないからです。

このように、「現実自己」と「理想自己」とのギャップ（ズレ）のことをセルフディスクレパンシーと言います（第2章）。セルフディスクレパ

## セルフディスクレパンシー

理想自己と現実自己とのギャップ。それを自覚してしまうと、不快感情が生まれ、稽古を楽しくないものにしてしまいがち。

ンシーがあると、私たちは不快感情（ネガティブ感情）が生じます。稽古に限らず、普段の生活でも、理想自己と現実自己とのズレに、私たちは不快感情を抱きます。そして、この不快感情を解消しようとして、私たちは改良や改善にエネルギーを注ぎます。これはこれで、自分を高めていったり、自分を変えていったりする推進力になりますので、必ずしも悪いことではありません。しかし、稽古について言えば、稽古は本質的に楽しいものであるべきです。不快感情を解消しようとやっきになる活動ではありません。

したがって、遠い先にある理想自己

と今ある現実自己との比較のようなことはできるだけせず、その日そのときの具体的な目標を掲げて、そこでの身体的な違和感や不足感であるとか、前回の稽古と今回の稽古の身体的な変化や違いを味わうことに専念するのがコツです。今日その日の、今ここの自分を、注意深く観察することが稽古の本質です。そして、今日はとにかく今日の自分として、今日の発見（気づき）を大切にして、そうして一つでも発見できたことを楽しむのがコツです。不快（苦しい）を減らそうとする稽古ではなく、快（楽しい）を増やそうとする稽古にしよう、ということです。ブルース・リーも次のように言っています。

Truth comes when your mind and heart are purged of all sense of striving and you are no longer trying to become somebody; it is there when the mind is very quiet, listening timelessly to everything.

精神あるいは心からあらゆる対抗意識が一掃され、もはや誰かになろうとしなくなったときに、真実はやってくる。精神がとても静かに、かつ、時を超えてすべてに耳を澄ましたとき、そこに至る。

## 4 スルメのような稽古のススメ

次なるコツは、スルメです。ここでは、スルメのような稽古をおススメします。これは単なる下らない言葉遊びではありません。みなさん、スルメは食べたことがあると思います。スルメは固いですから、最初は噛むのがたいへんですし、味もそんなにしません。ただ、そこで無理に噛み切ったり噛み砕こうとしたりせず、ほどよくゆっくり地道に噛んでいるうちに、だんだんと柔らかくなってきます。そして、噛めば噛むほどますます味わいが出てきます。武術の稽古とは、まさにそんな感じなのです。

最初から頑張ってすぐに上手くなろうとせず、まるでスルメを食べるように、ほどよくゆっくり地道に稽古を続けているうちに、だんだんと動きもこなれてきます。ちょっとした身体の変化（成長）に気づくようになります。こうした発見（気づき）が喜びにつながります。そして、稽古をすればするほど、ますます技が深まっていきます。深まれば深まるほど（レベルが上がれば上がるほど）、発見も広がり、喜びも広がっていきます。このように、武術の稽古というものは、ゆっくりじっくりと味わうものなのです。決して急いではいけません。

稽古はスルメと同じですから、急いでするものでもないですし、頑張って無理をするもので

はありません。急いで頑張ろうとすれば、それはただ「苦しい」だけです。苦しい稽古は、当然ながら、続きません。第2章でも書きましたように、コツコツと地道に稽古を積み重ねていくことが、大切にしまっている最終目標（強くなりたい、かっこよくなりたい、など）に到達する唯一の王道です。そのためには、「苦しま」ずに、いかにして「楽しむ」かが大切です。第5章や第6章で説明したような「楽しさ」までには、すぐにはなかなか至らないかもしれません。であるならば、まずは少なくとも、「苦しまない（自分を苦しめない）」稽古をすることが肝要です。

## セルフコンパッション

他者に対する思いやり（慈悲）と同じように、自分自身に対する思いやり（慈悲）を持つ。

自分に対して厳しく批判的・判断的な態度を取らずに、優しく思いやりのある態度を取ろうとする自分に対する優しさ

孤独感や疎外・苦しみを感じることなく、人間として生きる上で他者と繋がっているという感覚を要求する共通の人間性を自覚すること

自分の経験による苦痛を無視したり誇張することなく、バランスの取れた自覚をもって捉えるマインドフルネス

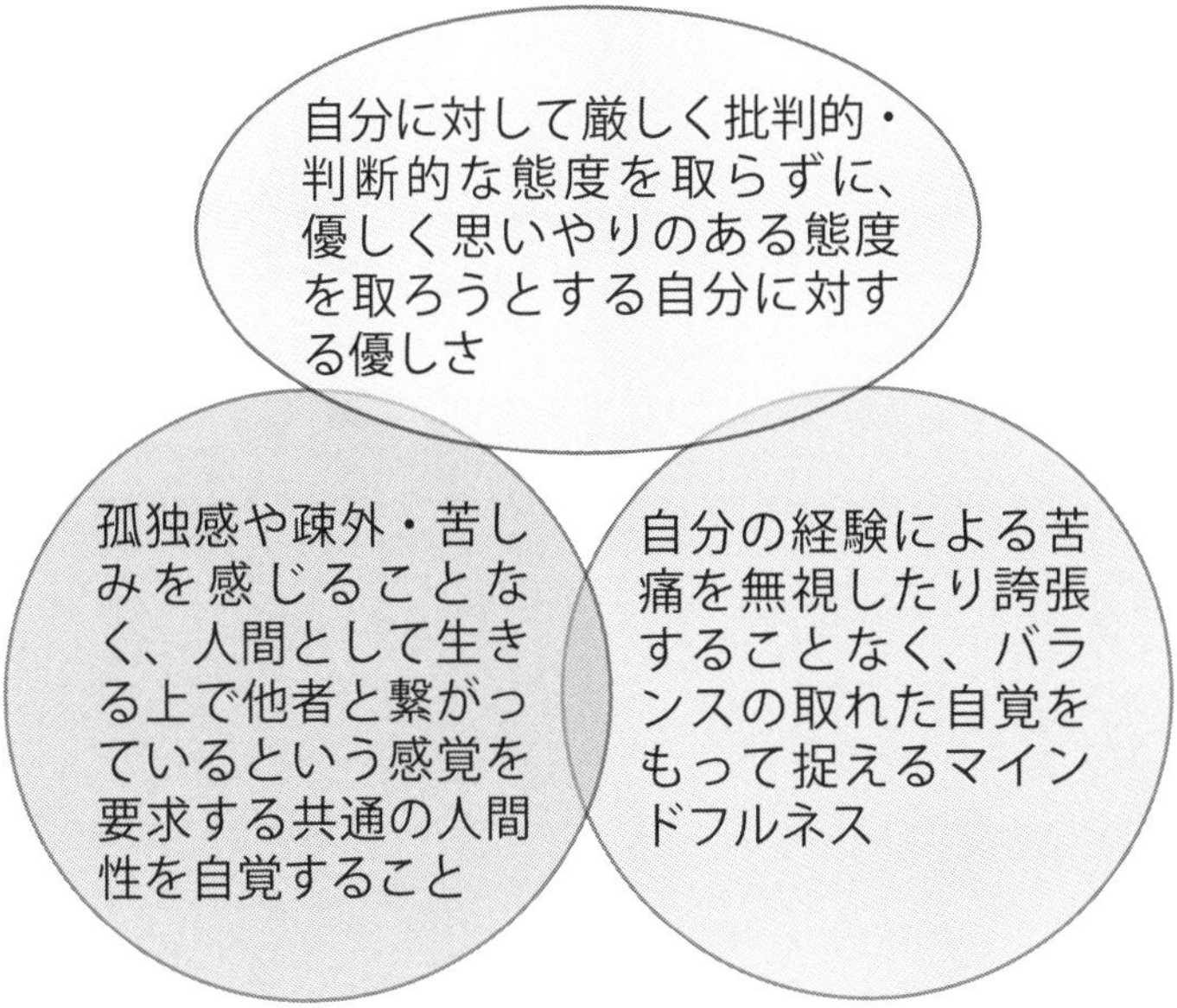

## 5 つまずいたっていいじゃないか、人間だもの

頑張らない稽古のための最後のコツは、「セルフコンパッション」です。セルフコンパッションとは、他者に対する思いやり（慈悲）と同じように、自分自身に対する思いやり（慈悲）を持つことを意味しています。みなさんも、家族や親友や恋人などの大切な他者に対しては優しくなれると思います。それと同じ優しさを自分自身にも向ける、ということです。心理学者のクリスティーン・ネフによれば、セルフコンパッション

は、次の3つの要素から構成されています（『セルフコンパッション：あるがままの自分を受け入れる』金剛出版）。

**（1）自分に対して厳しく批判的・判断的な態度を取らずに、優しく思いやりのある態度を取ろうとする自分に対する優しさ**

**（2）孤独感や疎外、苦しみを感じることなく、人間として生きる上で他者と繋がっているという感覚を要求する共通の人間性を自覚すること**

**（3）自分の経験による苦痛を無視したり誇張することなく、バランスの取れた自覚をもって捉えるマインドフルネス**

セルフコンパッションは第5章で紹介したマインドフルネスと同じく仏教由来の概念であり、仏教ではしばしばマインドフルネスとコンパッションは併修されます。テーラワーダ仏教における「慈愛（慈悲）の瞑想（メッター・バーヴァナー）」では、自分自身に対する慈悲（「私が幸せでありますように」と念じる）に始まり、その対象を徐々に広げていき、最後にはありとあらゆる存在に対する慈悲（「生きとし生けるものが幸せでありますように」と念じる）を育みます。

上記の（2）と（3）について詳しくはネフの本に譲るとして、ここではこれ以上触れません。いずれにしましても、セルフコンパッションとは、上記の（1）にあるように、自分自身に対する思いやりや優しさのことを指しています。

さて、自律的な人（セルフコントロールができる人）というのは、一定数います。自分自身で掲げた目標に向けて、ストイック（禁欲的）に自分を追い込んでいける人は確かにいます。そういう人はおそらく、自分に厳しく批判的でしょう。孤独を感じてもひたすら自分を磨くことに集中し、苦しみをも糧にして高みを目指していくような人です。もちろん、そういう人の本当の心の中は分かりません。本当は苦しくて仕方がないのかもしれません。しかし、セルフコントロールのできる人は、傍目に見れば、自分に対して厳しく批判的な人間であることに変わりありません。そういう人はトップアスリートであったり、十分な成功を収めていたりする人でしょうから、本書を手に取る可能性はほとんどないでしょう。

本書は、普通の一般人（凡人）である私たちが、いかに物事を継続していくか、特には武術という特殊な営みをいかに続けていくかについてのヒントを考えるためのものです。繰り返しますが、苦しむような厳しい稽古では絶対に続きません。そうではなく、苦しいときもあるかもしれませんが、相対的には喜び（楽しみ）の方が多い営みでなければなりません。そのために、稽古はほどほどにやったり、他者や理想自己と比べないようにしたり、スルメのようにじっくり噛みしめながらしたりするのがコツとなってきます。

最後のコツは、自分に思いやりをもって、優しくなることです。私たちは自律的なトップアスリートではありませんが、それでもつい、稽古を頑張りすぎることがあります。他者や理想自己と比べてしまうこともあります。よく噛まずに急いで食べてしまおうとすることもあります。そうすると、往々にして、上手くいかなかったり失敗したりします。こういうとき、私たちは不快な感情に包まれます。苦しさだったり、情けなさだったり、不甲斐なさだったり、不安だったり、妬みだったり、羞恥だったり、怒りだったり、嫌悪だったり、悲しみだったり、後悔だったりと、色々な感情が生まれてきます。こういうときに、決して自分を責めてはいけません。しかし多くの人が意外と、自分を責めてしまうものです。つまり、意外と人は自分に厳しいのです。しかし、自分を責めれば責めるほど、ますますその気分は増幅します。そうなるとそれは、やがて大きなストレスとなって自分にのしかかってきます。

セルフコントロールができる人は、ここでさらに踏ん張って、高みへと行くのでしょう。しかし、多くの人はそんなに強い精神力を持ち合わせていません。普通は、不快感情に押しつぶされそうになって、そこから逃れたくて、せっかく続けていたことをやめてしまいます。あるいは、そういう気持ちになることを予測して、やりたいと思っていることをなかなか始められないものです。ですから、トップ・アスリートのような超人ではない普通の人間である私たちは、自分への思いやり（セルフコンパッション）こそが大切です。

人はつい、自分自身に対して批判的に向き合いがちです。ストイックに自己を磨こうとする人ほど、自己に対して厳しくなるわけですが、ただ厳しいだけでは苦しさだけが積み重なり、活動そのものが苦となってしまいます。ある程度の自分への厳しさは、技術向上に必要な要素ではありますが、厳しすぎるのもよくありません。次に続きません。本書でこれまで述べてきましたように、積み重ねこそ大切であることを考えれば、じっくりと長い目で取り組むための方策として、セルフコンパッションは必要です。

これは何も、自分を甘やかす、という意味ではありません。家族や親友や恋人などの大切な他者に接するときのように、厳しくも優しく、思いやりのある態度で自己に接するということです。繰り返しますが、セルフコントロールに長けている人だけでなく、私たちは意外と自分に厳しいものです。つまり、自分の状態や行為に対してネガティブに考えがちです。そうなると、外的な（ポジティブ）フィードバックが得にくい武術の稽古をするときはなおさら、単純にネガティブになりがちです。セルフコンパッションは、そのようについついネガティブになりがちな自分へのブレーキとなります。それが結果的に、稽古を続けることにつながります。

つまり、ときにはうまく行かなくたっていいじゃないか、ときには失敗したっていいじゃないか、と自分を優しく許せることが重要です。まさに、「つまずいたっていいじゃないか、人間だもの」(相田みつを)です。「他者からこう思われるんじゃないか、ああ思われるんじゃないか」「失敗したり損したりするんじゃないか」「無駄なんじゃないか、意味がないんじゃないか」と、あれこれ考えて自分で自分をがんじがらめにしてしまう前に、「思った通りにいかなくてもいいじゃないか、いかなかったらいかなかったでも別にいいじゃないか」と心に念じてみると良いでしょう。

人間なかなか、思おうと思ってすぐに思えるものでもないかもしれませんが、心構えというものは、武術と同じく、少しずつ少しずつ変わっていくものです。念じているうちに段々と自分の中にその言葉が染み込んできます。こういう心構え(セルフコンパッション)そのものも、まるで草木を育てるように、じっくりゆっくり育てていくと良いのではないでしょうか。

## ポイント

◎稽古はやりきってしまうよりも、「もう少しやりたい」くらいでやめておく方が次につながりやすい。

◎他の道場生と自分との比較はしない。ただし、参考には大いにする。

◎稽古はスルメのごとく、ゆっくりじっくりと味わっていく。

◎自分に対してあまり批判的に向き合うと苦しさや負の感情が生まれがち。それよりもまずは自分自身に対する思いやり（セルフコンパッション）を持とう。

## おわりに

あとがきから読むという人も世の中にはいるかもしれませんが、さて、ここまで読んでいかがでしたでしょうか。稽古を続けるためのヒントが一つでも得られたでしょうか。あるいは、躊躇していたけれども道場に通ってみようと思うきっかけが一つでも得られたでしょうか。

私自身、小学生のころにブルース・リーの強さとかっこよさに憧れ、『ドラゴンへの道』のあの場面に魅了され、中学生のころにはせっせと部屋で一人、稽古のまねごとをしていたことを思い出します。そうやって陰で地道に稽古をすることが、一歩でもブルース・リーに近づく道なのだと思って、せっせと稽古していました。ただ、武術はちゃんとした先生に習わないとできないことは明らかであり、本で読んだぐらいの真似事では、残念ながら、いっこうに上達はしません。やはり、武術を使えるようになるためには、道場にいかなければなりません。しかし、道場に一度や二度行ったぐらいでは、もちろん、上手になりません。使えるようになるためには、何年も稽古が必要でしょう。

本書で考えてきたことを、ここでもう一度だけ簡単におさらいしましょう。まず、第1章では、稽古は地道な営みであり、ブルース・リーのような達人になるための手っ取り早い方法などなく、結局、稽古を積み重ねていくしかないことを示しました。第2章では、積み重ねこそ、唯一の奥義であることを書きました。そこでは、「武術脳」あるいは「武術的身体」を常態化することが上達への道だということを説きました。

しかしそうは言っても、第3章で書いたように、人はなかなか始められないし、始めたとしても続かないことも多いです。武術は人生において緊急性が低い営みであることや、稽古そのものに飽きてしまったりなかなか上手くならないことに嫌気が指してしまったりするからです。それに、私たちは失敗したり損をしたりすることを恐れて躊躇してしまいます。続く第4章では、そもそもなぜ始められなかったり続かなかったりするのかを考えてみました。それは、武術という営みはフィードバック（手応え）に乏しいから、というのが一つの理由です。人間はフィードバックを渇望する動物です。しかも、できるなら手軽に手に入れたいとも思っています。しかしながら武術は、それに応じるような営みではまったくありません。では、どうしたら良いでしょうか。

そこで第5章では、稽古をすることそのものを目的として稽古することを提案しました。つまり、それそのものに没頭するというのは、実は楽しいのだということを説きました。その状態の一つとして、フローとマインドフルネスを紹介しました。また、第6章では、稽古への取り組み方として、草木を育てるように、毎日少しずつ、自分に投資することを提案しました。そして最後の第7章では、頑張らない稽古のコツとして、もう少しやりたいところでやめること、比較することをやめること、スルメを食べるようにやること、そして、自分への思いやりをもつことをおススメしました。

この中で、何か一つだけでも、「ああ、これは使ってみよう」と思えるヒント（解法やコツ）が見つかれば、この本を読んでいただいた時間もまったくの無駄ではなかったのではないかと思います。あなたに合ったヒントはありましたか？

「初心忘るべからず」ということわざがあります。これは、世阿弥の『花鏡』に出てくる言葉で、「習い始めのころの謙虚で真剣な気持ちを忘れてはならない」という意味だと言われています（デジタル大辞泉）。もちろん、意味としてはその通りなのですが、私はここにまた別の意味を感じています。それは、稽古を始めた当初の感動を忘れるな、ということです。今までにやったことのない動き、人生で初めて身体を操作する（難しさの）感覚は、ある種の感動に近いものなのではないでしょうか。武術を習うというのは、本当はそういう感動の連続なのです。しかし、いつの間にか、段級位を上げることや試合で勝つことが目的となってしまったり、人より上手いか下手かが基準になってしまったりして、最初に感じた内なる喜びをすっかり忘れてしまいます。禅僧の鈴木俊隆はこれを「ビギナーズマインド（初心者の心）」として、初心の新鮮な喜び（感動）を大切にすることを説いています（『禅マインド ビギナーズ・マインド』ＰＨＰ研究所）。つまり、何事においても常に新鮮な気持ちで今ここに取り組むことを説いています。これこそマインドフルネスです。

強くなりたい、かっこよくなりたい。武術を始めるきっかけとなったそういう大きな目標は、方向性として、向かう先として、大切にしてください。そして、大切なものだからこそ、無くさないよう、大事に心の奥にしまっておいてください。そして、目の前の日々の稽古は、その日そのときの目標を立てて、じっくりゆっくり自分の身体を観察することで、その変化と違いを存分に味わってください。ブルース・リーの残した言葉にこのようなものがあります。

A goal is not always meant to be reached. It often serves simply as something to aim at.
目標は、必ずしも到達されるべきとは限らない。それはしばしば、ただ目指すものとしてある。

このようにまさに、そこに向かっていく過程こそを楽しむのです。目的が手に入ってしまったらそこで楽しみも終わりになってしまいます。旅の目的地に着いてしまったら、楽しかった旅も終わってしまいます。ですから、楽しい稽古の旅を終わらせないためにも、大きな目標は心のどこかに大切にしまっておいて、地道にカンフー（功夫）を積み重ねていってください。

武術稽古という楽しき旅が、永遠に続くことを祈って。

２０２４年5月

湯川進太郎

## 著者◎湯川 進太郎 ゆかわ しんたろう

白鷗大学教授・博士（心理学）。専門は身体心理学・感情心理学。日本感情心理学会 顧問。感情制御・ストレスマネジメントと武道・武術の関係を身体心理学（特にマインドフルネス）によって捉える独自の観点から、心身の関わりや身体論を展開。著書・訳書に、『空手と禅』『空手と太極拳でマインドフルネス』『水のごとくあれ！』『“老子”の兵法』（BABジャパン）、『実践 武術瞑想』『禅僧沢庵 不動智神妙録』（誠信書房）など多数。糸東流空手道七段（稔真門［小林真一先生門下］）。2021年から杖道の稽古に取り組んでいる（野田杖道会［藤崎興朗先生門下］・白鷗大学杖道会代表）。

## 写真協力◎白鷗大学杖道会

装幀：梅村昇史
本文デザイン：中島啓子


武道家の
**稽古・鍛錬の心理学**
情熱を持続させるための
簡単な意識スイッチ

2024年6月10日　初版第1刷発行

著　　者　湯川 進太郎
発 行 者　東口 敏郎
発 行 所　株式会社ＢＡＢジャパン
〒151-0073 東京都渋谷区笹塚1-30-11 4・5F
TEL　03-3469-0135　　FAX　03-3469-0162
URL　http://www.bab.co.jp/
E-mail　shop@bab.co.jp
郵便振替 00140-7-116767
印刷・製本　中央精版印刷株式会社

ISBN978-4-8142-0620-9　C2075